レトロな世界に分け入る

Makoto Yokomichi
横道 誠

そこでは魅力的な店主があなたを待っている

教育評論社

まえがき

　レトロな商品を見るたびに、心がときめかざるを得ません。実際、世界中のさまざまな街で骨董市や蚤の市が開かれています。骨董市と蚤の市は、名称が違うだけでほぼ同じようにレトロな商品全般を扱っている事例も多いのですが、ときには骨董市は、より本格的な古美術・古道具などを中心的に扱い、蚤の市は、中古の衣服や食器などを中心的に扱っています。

　いずれにしても、そうした骨董市や蚤の市に人々は押しよせ、じぶんの趣味に合った絶妙な一品を探し求めます。僕たちが漁っているのは、過去の時代に産みだされ、いまではもはや生産されなくなっているたぐいの道具、雑貨、玩具、紙製や木製のなにかです。骨董市や蚤の市とは、過去の時代から未来に送りこまれたタイムカプセルということになります。客の僕たちは、タイムカプセルを開封する楽しみを求めているのです。

　かつて僕は第一希望としては研究者になりたく、第二希望としてはマンガ家になりたい子どもでした。研究者になりたいという思いのほうが強かったのですが、研究者にはすぐにさっとなることができません。大学を出たあとも大学院に通い、長期にわたって研究者として養成される必要があります。それに対してマンガ家の場合、早ければ中学生くらいからデビューする人もいるわけで、それをめざすならば、小学生時代から準備を始めることになります。

そういう事情ですから、小学生の僕は第一の夢を研究職と定めつつも、とりあえずマンガ家になるための訓練を重ねることにしました。けれど、マンガの技術が上達することはないままでした。応募できる作品を一本すら描きあげられなかったのです。中学時代が終わり、高校時代が終わり、大学生になったとき、僕はマンガ家になる夢を最終的に諦めました。大学入学後は猛烈に勉強して、より大きな夢だった研究者になるために全力を傾けなければならない、と決意したからです。

僕の研究者になりたいという第一の夢は叶い、マンガ家になりたいという第二の夢は陽の目をみないまま、ひそかに心の奥にしまいこむことになりました。僕が子どもの頃の「将来の夢」はそのふたつでしたから、そして大きなほうの夢が叶ったのですから、僕の人生は原則として幸福だったのかもしれません。

研究者を本格的にめざしはじめた大学時代から、僕が別の「いつかこうなりたい」と願う職業はなかなか生まれませんでした。しかし二〇年近く経って、三〇代の半ばになってから、僕にそれができたのです。新しい「将来の夢」――それはレトロ商になることです。意外な夢だと感じるでしょうか。

この本では、「レトロ商はどうして魅力的なのか」をテーマとして、僕がなぜレトロ商に憧れているかを伝えようと思います。それを通じて、みなさんもレトロ商になりたいと思うようになることを目論んでいます。レトロな世界に興味がある人もない人も楽しめるようにと心配りをしながら書いていくつもりです。

目次

第2章　ナンブさんとマンガと紙モノ　75

装画＝中村雅奈
ブックデザイン＝鳴田小夜子（KOGUMA OFFICE）

序章

レトロ商を読みとくために

僕の五つの「レトロブーム」

僕がレトロなものに眼ざめたのは、小学四年生のとき、ちょうど一〇歳になった頃だった。一九八九年一月、昭和が終わってから約一ヶ月後に手塚治虫が生涯を終え、手塚たちのいわゆる「トキワ荘系」を中心に、昭和のレトロなマンガの再発売が盛んになっていった時代だ。それまで僕は、一九八〇年代という同時代にあって、同世代（のちに「就職氷河期世代」あるいは「ロスジェネ」と呼ばれるようになった世代）の少年たちと同様、『週刊少年ジャンプ』の熱心な読み手だった。しかし僕はたちまち手塚、石ノ森章太郎（全盛期は「石森章太郎」）、ふたりの藤子不二雄（藤子・F・不二雄と藤子不二雄Ⓐ）などが送りだした過去の名作に心を奪われるようになってしまった。レトロなものには、表現しがたい純粋で単純な美しさとユーモアと、なんとなくの怪奇な印象が備わっていると感じて、僕は興奮した。

これを僕の「第一次レトロブーム」と呼ぶとすると、「第二次レトロブーム」は高校時代に起こった。高校の行き帰りに古本屋を回るようになって、昭和時代のレトロなマンガを小学校時代よりも幅広く漁るようになったのだ。古い時代の少年マンガや青年マンガもたくさん読んだけれど、僕をもっとも深くから捉えたのは、レトロな少女マンガと怪奇マンガだった。初めは妹が買っていた同時代の『りぼん』に掲載された作品を集めていたのだが、やがてどんどん古い作品を漁るようになった。萩尾望都、大島弓子、山岸凉子、竹宮惠子、美内すずえ、内田善美、矢代まさこなどの作品を夢中で読んだ。ひばり書房などの古めかしい怪奇マンガに衝撃を受けた。いまでは僕はほとんど（少女向けのものを含めて）マンガを読まなくなったのに、レトロな怪奇マンガに関しては、かつての熱愛をまるで失っていない。このジャンルには現在では刊行困難な怪奇な描写が横溢し、拙劣ながら独特な美が宿っていた。それでいて、時代の古さが立ちあげるユーモアめいた空気感が漂っていた。

僕の「第三次レトロブーム」は、大学院の博士課程に通っていた二〇〇代後半に巻きおこった。mixiによって日本でもSNSの時代が始まっていた頃にあたる。知りあった年上の男性からマニアックな音楽の聴き方を学んだ僕は、昭和歌謡やサイケデリックロックの音源や、カルト映画のDVDを熱心に求めるようになった。それは僕がかつての第一次と第二次の「レトロブーム」の最中、紙面的・平面的次元で満足いくまでむさぼったレトロなマンガの味わいを、新たに音響的・映像的・立体的な味わいとして吸収しなおしていく作業を意味した。昭和歌謡には、昔ながらの美（可愛らしさ、カッコ良さ）と、昭和的センスたっぷりのユーモアと、いまでは廃れてしまった音楽を聞いているという怪奇趣味に通じるなにかがあった。サイケデリックロックにも、やはり可愛いとか格好いいとかと思わせる音楽的美しさと、B級音楽ならではのユーモラスな印象があったし、バンドメンバーがしばしば薬物中毒に陥って人生を台無しにしたり、いろいろな事情から早くに亡くなってしまったりといった点は人生の怪奇に通じる要素だった。カルト映画に関しては、誰でもそこに美とユーモアと怪奇が氾濫していることを知っているだろう。僕のこの「第三次レトロブーム」は、二九歳で大学に常勤教員として就職し、新しい生活が始まることによって、収束していった。

僕の「レトロ志向」は一貫して「美」「ユーモア」「怪奇」の三要素への関心として解析できるもの。それは「第四次レトロブーム」でも変わらない。三〇代半ばの僕は、突如として昭和時代、大正時代、明治時代、ときには平成初期や江戸時代のレトログッズを思いのまま集めはじめ、一年ほどのうちに当時三〇〇万円ほどあった貯金を、無数のレトログッズの山へと溶かしてしまった。古い時代のおもちゃ、雑貨、日用品などに対する関心は昔から僕に胚胎されていたものの、そういう方向に本格的な関心を寄せるようになったら散財してたいへんだ、と不安で、若い頃からなるべく避けてきた。その領域にとうとう足を踏みいれてしまい、想像していたとおりに、無我夢中になった。ひとり暮らしで住んでいたマンションの部屋が購入品でゴミ屋敷のようになった。洪水で水浸しになったかのようにレトログッズ浸しになった。

僕は一九歳でひとり暮らしを開始し、四半世紀にわたって、それを続けている。何度か転居して、そのたびに持ち物の一部を処分した。マンガ、レコード、ＣＤ、ビデオテープ、ＤＶＤ、レトロなおもちゃや雑貨や日用品。いまの自宅はすっきりと片付いているけれども、自宅のほとんどの壁は本棚や収納ケースで埋まり、大量のコレクションがびっしりと収まっている。僕のコレクションに関する趣味は、「第四次レトロブーム」の際にほとんど極まっていて、この「ブーム」が収まったあと、熱中して集めているものはない。それでも僕は大量のコレクションを処分しようとは思わない。処分すれば、体にできた傷を免疫力がたくましく修復していくのと同様、いわゆる超回復が発生して、ふたたび家中にガラクタが溢れ、モノによる大洪水という破局《カタストロフ》が発生するだろうことは眼に見えている。

僕は、将来にふたたび発生するだろうと予測される「第五次レトロブーム」をなかば期待し、なかば恐怖しながら本書を執筆する。「第五次レトロブーム」は、僕とレトログッズの関わりあいの、いわば「最終決戦」になるだろう。つまり僕は、そのときもはや全人生を賭ける形で、レトログッズを扱うプロの業者として働くようになるものと予想される。常勤の大学教員という安定した生活を捨てて、専門的なプロの研究者としての地位を捨てて、レトロ愛好家の、レトロ愛好家による、レトロ愛好家のための人生に「移行」するに違いないと思っている。その日々を僕は地上の天国のようにして夢見ながら、実際にはその日々が地獄とまでは言わないまでも、いまよりもだいぶ苦しいものになるのではないかと警戒している。

レトロ商とは何者か

レトログッズを扱う業態は「古物業」という。レトログッズを扱う人は「古物商」と呼ばれる。盗品の売買を防ぐべく、警察署を窓口として「古物商許可証」を申請し、都道府県公安委員会に認可してもらうことで、古物商になることができる。

本書の書名をどうするか、僕はしばらく検討を重ねた。「古物」という言葉を使って、例えば『古物商に迫る！』などの書名にすれば端的だ、ズバリそのものだという利点はあるものの、「古物」に群がる人々（売り手も買い手も）が扱っている物品に対して感じるキラキラと輝く印象は伝わらなくなる。

そこで僕は続いて『ガラクタ商の生活世界』という書名を候補に選んだ。本書のテーマをよく表した書名だ。僕にとって「ガラクタ」という言葉はなんら否定的なニュアンスを帯びていない。古物商が扱う「ガラクタ」は、売られて財産になる。つまり錬金術を実現する素材なのだから、「ガラクタ」は僕にとってまばゆい宝石の原石というイメージなのだ。そんな「ガラクタ」で商売をする人々の体験世界を抉《えぐ》りだしてみたかった。

しかし、「ガラクタ」をそのようなイメージで見る人ばかりではないことが不安になった。「ガラクタ商」や「ガラクタ屋」という言葉を使うことで、「夢がない」と感じる読者はそれなりにいると思われる。インタビューをする相手も快く感じないかもしれない。そこで本書では、レトログッズを扱う人を「レトロ商」、その人が構える店を「レトロ店」、業態を「レトロ業」と呼ぶことにした。これならば、古物の商品世界に満ちている「夢」の空気を的確に表現できている気がする。その上で本書を『レトロな世界に分け入る』と名づけることにした。「生活世界」は学術的すぎるので、彼らの体験世界の魅力を伝える本にしたいと考えた。

本書をとおして、「レトロ商はどうして魅力的なのか」という問題の回答を読者に考えてもらう時間を提供したいのだが、そのために、まずはレトロ商なる人々がどういう人間類型として要約できるかを記しておく必要があるかもしれない。以下にそれを記すけれども、めんどうな人は飛ばしてしまって、本編の第1章からどんどん読みはじめてくださってもかまわない。

＊

まずレトロ商とは、商人と趣味人の合成人間ということができる。商人は富の形成をめざし、趣味人は趣味の対象、つまり愛着を覚えたものとの戯れを維持する。富を形成しようとする活動は趣味への耽溺を制限するのが当然のことで、趣味に耽るほどに金銭は溜まりにくくなる。そのような葛藤がレトロ商にはあるため、なるべく趣味に耽りながらも、同時になるべく稼ぐにはどうすれば良いかということが探求テーマになる。

　商人は、なるべく安く仕入れて、利益が出るように売るという業態に従事する。レトロ商は安く仕入れるために店やSNSのアカウントを設け、商品やじぶんの活動の「特別においしそうな部分」をアピールしていく。一般家庭や取り壊しの対象になった家屋から不用品を引きとる「初《ウブ》出《だ》し屋」から商品を購入することがある。レトロ商が初出し屋を兼ねている事例もあるが、多くの業者は「古物市」の会員になって、そこで「セリ」に参加して商品を安く手に入れたり、店やSNSのアカウントに舞いこんでくる一般客からの買いとりの依頼に応じたりすることで、商品のラインナップを充実させていく。商品によって、売ることよりも買うことのほうがずっと難しい場合がある。それらは貴重さによって高額商品となり、大きな利益をもたらしてくれる。商品はすべて売り物として忌憚なく手放すレトロ商から、「これだけはじぶんのものにしたい」と「珍品」に執着するレトロ商まで、さまざまな人がいる。

　レトロ商は趣味人でもあるが、趣味人はおもにギャラリー愛好家型、日曜研究家型、混合型に分かれると僕は考える。ギャラリー愛好家型は、コレクションを並べて、陳列の見栄えを楽しむことに全力を傾ける。日曜研究家型は、インターネットを駆使し、業者仲間にも相談し、ときには書籍もめくって、扱う商品の歴史的素性などに精通していくことをめざす。混合型は、ディスプレイ熱と研究熱心さを併せもっている。ほとんどのレトロ商は混合型の趣味人で、一〇〇％

のギャラリー愛好家型と一〇〇％の日曜研究家型を両極とした一線上のどこかに位置している。ディスプレイを探求するにせよ品物の素性に精通するにせよ、趣味人の活動に没頭すれば商人としての活動に支障を来《きた》す一方、ほどほどの趣味人ぶりは商人としての活動にも利益をもたらす。

商人にも趣味人にも狩猟家の特性が備わっている。「これは金になる」いう商人根性も、「これはコレクションに加えたい」という趣味人魂も、狩猟家の野生本能につうじる。狙った商品を飽くなく探究し、しばしば偏執的にもなって追求していく。希望する価格帯と異なる、傷や汚れがあって状態が悪いといった理由で獲物を見逃す場面もあるし、商品のあまりの珍しさから「高い」「状態に難あり」とぼやきつつ、入手に踏みきる場面もある。

ところで狩猟を愛好することへの本質には、ギャンブル依存症につうじる幸福感と泥沼的危険が横たわっているだろう。これぞという獲物に出会えるか出会えないかは、運任せの要素が大きい。出会えたとして、どのようにしてそれを確保するかに真剣な勝負が賭けられる。確保できれば、頭のなかに快楽物質のドーパミンがあふれて、病みつきになる。レトログッズでもまったく同じだ。出会えるか出会えないかは、運に左右される。出会えても、セリなどでライバルの業者たちを蹴落とせるかどうかは真剣勝負になる。競争に勝って入手できれば、脳細胞はドーパミン漬けになる。そうやって狩猟に憑かれた者たちと同じく、レトログッズに憑かれた者たちも、人生と財産を賭けて収集活動にのめりこんでいく。

レトログッズの本質は、先に書いたように「ガラクタ」だ。ゴミに似たものを素材として、錬金術が成立する。やり方は大航海時代の交易と同じ。その商品にはたいした価値がないと判断している場所から仕入れて、「のどから手が出るほど欲しい」と思っている人たちのところに届ける。欲しいと強く望んでいる人ほど、金に糸目をつけない。

僕は一度もレトロ商として働いたことがないけれど、二〇代の大学院生時代には、書籍の転売するのを放棄して、十把一絡げで商品を叩き売りしている均一コーナーからめぼしいものを発見し、携帯電話でオンライン上の市場価格を調べつつ、高く転売できると判断したものを購入する。（いわゆるセドリ）をやったことがあるから、その売買のダイナミズムは理解できる。細かく整理市場価格の底値あたりの設定で出品すれば、あっというまに売れていく。

僕の「第三次レトロブーム」の頃、レコードをdig る（掘って漁る）作業に夢中になった。昭和歌謡やアニメソングの音盤を扱っている昔ながらの中古レコード店に行く。その店ではB級音楽の商品として安く売られているものが、国内の好事家や外国人にとってはぜひ手に入れたいものだという場合がある。そのような顧客が手ぐすね引いて待っているオンライン市場に向かって、仕入れてきた「新商品」に日本語や英語の説明文をつけて、投下する。海外の人がさっと買ってくれたりもする。

僕にいつか「第五次レトロブーム」が訪れて、晴れてレトロ業者になったら、僕はギャラリー愛好家型の商人になると思う。実店舗でもSNSでも陳列の仕方にこだわるはずだ。それは商品という星々が地球から夜空に眺めるような星座を形成する。二〇世紀ドイツの批評家ヴァルター・ベンヤミンは、『ドイツ悲劇の根源』の巻頭に収められた「認識批判的序説」で、夜空で輝く星々が星座のイメージを立ちあげるようにして、事物は理念をほとばしらせると論じている（ベンヤミン 1975:15）。そのような理念の時空が、レトロ商が実店舗やSNSに構築した商品の連絡から出没する。それを星座のような具体的なイメージとして提供すること自体、本書の目的のひとつとなる。

レトロ商が扱う商品たちはポップな感じ、シャビーな感じ、キッチュな感じといった美的指標を備えている。ポップとは親しみやすいということ、シャビーとは侘び寂びが感じられるということ、キッチュとはゲテモノ的でおもしろいということだ。それぞれのレトロ商がそれぞれにポップな感じ、シャビーな感じ、キッチュな感じを愛好しているが、扱う商品の選択によって、理念的時空となって立ちあがる全体の印象は、だいぶ変わってくる。その点にそれぞれのレトロ商が展開する曲芸的な魅力が圧縮されている。

レトログッズは驚きに満ちている。レトロ商は日常に飽きてしまって、驚きあふれる世界としてのレトロ世界に参入した冒険者たちだ。「驚き」を浅薄だと思っている読者もいるかもしれない。しかし古代ギリシアの哲学者アリストテレスは、「驚異」（タウマゼイン）こそが、人間の知的営為の駆動源だと考え、人はまず身近な不思議なものごとに驚異の念を抱き、それから徐々に、全宇宙のありさまや創造の過程にまで思考をめぐらせるようになっていったのだと指摘している（アリストテレス 1959:28）。

身近なことにも宇宙の事象にも驚きを感じ、そこからその秘密を明らかにしようという知的好奇心が芽生えてくる。秘密が明らかになれば、この世界のすばらしさに改めて眼が見開かれ、万物がキラキラと輝きだしてくる。その運動を繰りかえすことで、さまざまな学問が発展してきた。レトログッズとは、そのような驚きを宿した、ひとつひとつが日常を破壊しうる爆弾のようなものだ。

現在では人間の社会は多くの面で成熟し、それだけに僕たちが日常で「驚異」を感じる場面は限られている。多くのことが研究され、証明され、解明されつくした。そうやって文明は発展し、テクノロジーが暮らし向きを向上させたが、「驚異」の少ない日々のせいで僕たちは生きながら死んでしまっている。レトログッズに関わると、身のまわりの物に対する通念が変わる。購入すれば、「爆弾」としてのレトログッズが生活空間を崩してしまい、従来の日常の体制が揺るがされる。

レトログッズを扱う人たちを詳しく知っていくと、彼らが未知のものに囲まれている「異人」だということに気づくようになるだろう。そういう人と出会うことで、物への向きあい方を見なおす作業を介して、じぶんが培ってきた人間観も変更を促される。この点に、レトログッズとの関わりが生みだす最大級の価値がある。

本書の構成

第1章では、京都市でレトロ店を経営するカズさんを取りあげる。カズさんの守備範囲は、いわゆる「昭和レトロ」だ。カズさんはアマチュアのマンガ家としての顔も持ち、音楽活動をしていた過去を活かして、多くの熱心なファンに支えられている。

第2章では愛知県を拠点として名古屋市、京都市、大阪市、東京都などの骨董市や古書市でマンガや「紙もの」（絵葉書、古地図、浮世絵など書籍を除く紙製の商品全般のこと）を販売するナンブさんを取りあげる。ナンブさんはレトロ商としては珍しく、インタビュー時点でまだ二〇代だった。

第3章では、東京を拠点として、おもに外国人に向けてレトログッズを売る迅太さんを取りあげる。迅太さんはもともと美術家として評価されていた経歴を持ち、その恵まれた美術的センスを駆使してレトログッズを素材とした美術制作にも携わっている。

それぞれの章で、まずは彼らレトロ商が扱っている商品の全体像を紹介し、ついで彼らの生いたちや体験談を紹介し、彼らの商品空間が立ちあげる「星座」への理解を深める。

そのあと終章で僕の趣味に視線を転じ、雑感を述べるが、それは本書をつうじて使用される「ものさし」としての僕に関する説明が必要だろうと考えるからだ。

本書を楽しみながら読んでいただいて、「レトロ商はどうして魅力的なのか」を一緒に考えていただければ、幸甚のかぎりだ。

第1章 カズさんと昭和レトロ

昭和レトロの店

カズさんは京都で「いっぽう堂」というレトロ店を経営している。前の店は堀川三条の近くにあった。街のど真ん中から少し外れたあたりだ。現在の店は墨染にある。伏見区なので郊外――口さがない京都人は「伏見は京都に含まない」などと言う――ということになるけれど、京阪電車の墨染駅からすぐ近くに立地しているので、アクセスはけっして悪くない。

「いっぽう堂」が扱っている商材の主力はレトロ玩具だ。店の魅力はディスプレイに極まっている［1章01・02・03］。前店舗、現店舗、さらにはインスタグラムに構築された画像一覧によって、カズさんはこれでもかというほど「昭和レトロ」の魅力を立ちあげている。顧客はインスタグラムでカズさんのアカウントに驚き、実店舗を訪れて、なおさら驚くことになる。具体的にイメージを摑んでもらうために、カズさんが扱っている商品を少しだけ紹介してみよう。

男の子もの

まずは「男の子」もの、つまり男児向けに作られた商品をいくつか取りあげよう［1章04・05・

［01］［02［03］すべて「いっぽう堂」店内

06」。

一九七四年から一九七五年にかけて放映された子ども向け特撮番組『仮面ライダーアマゾン』の「変身ベルトコンドラー」完品（発売当初の状態で欠落なく揃っていること）。発売元はポピー。ポピーは、玩具会社バンダイ（現・バンダイナムコグループ）が駄菓子屋など、一般の玩具流通ルート以外で売られる「駄玩具」を販売する会社として発足させたものの、のちには一般玩具のキャラクター商品を広く扱うようになって、バンダイに吸収合併された。

カズさんは、「昭和のいわゆる「栄光の7人ライダー」の変身ベルトの箱付きは、なかなかお目にかかれるものではないんで、お手入れする手も緊張で震えます」と語る。電動系玩具は何十年も前のものだと、未使用品でも動かない場合が多いため、スイッチを売れてさっと動いてくれるだけで感激してしまうとのこと。僕もカズさん同様『アマゾン』はリアルタイムで観ていないのだが、主人公ヒーローのトカゲの怪物のような造形が好きで、無限の愛着を感じる。

一九七六年に放映されたアニメ番組『UFO戦士ダイアポロン』のソフビ人形。ソフビとはソフトビニールのことで、別名はポリ塩化ビニル（略して「塩ビ」）だ。この人形はブルマァク社製が発売したもので、主役ロボット「ダイアポロン」と、三体で合体してダイアポロンになるアポロンロボ（アポロン・ヘッダー、アポロン・トラングー、アポロン・レッガー）のすべてが揃っている。

カズさんは「複数で一括りみたいなアイテムは、なるべく揃えて飾りたいものです」と語り、「このオモロカッコよさ、ゆるくてチープで。そこはかとなく漂うポンコツ感、落ちつくわぁ（笑）」と笑顔を見せる。

ブルマァクは、同じく大量のソフビ人形を生産した玩具会社マルサンの社員たちが、マルサン倒産後に設立した会社で、ゆるい造詣のソフビ人形をたくさん生産した結果、その系統のアイテムに眼がないファンたち（僕を含む！）をいまの時代でも大いに喜ばせている。僕は『ダイアポロン』を観たことが一度もないとはいえ、ブルドックがアメフトをやっているみたいな顔だちをした主役ロボの造形が、かっこいいのに合わせてまぬけな印象で、とても好きだ。主題歌は山本正之が作詞作曲を務めていて、子門真人があの独特なコクのある発声法で歌う（ファンは「シモニック唱法」と呼ぶ）ので非常に味わい深い。

カズさんは「大きなアイテムが好きだ」と語る。だからいっぽう堂に行くと、ドーンと迫力ある看板代わりの人形によく出くわすことになる。たとえば、鉄人28号の約一メートルのフィギュア。おなじみの「ガオー！」と叫びながら取る力持ちらしさをアピールするポーズを取っている。ボディビルディングで、上腕二頭筋の筋骨隆々さを強調するために取る「ダブルバイセップス」だ。

商品には台座が含まれていて、カズさんは「約二〇年前のレトロブームの時に作られたものだと思いますが、割れ・欠けなくきれいな状態で出てきてくれました」と語る。「レトロ屋さんと銘打つ以上、二〇年前くらいなら「最近」の範疇と考えていて、お店にはあまり置きたくないのですが、飛びぬけて大きなアイテムは、経年に関係なくお店に飾りたいなって思ってるんです」と話す。

商品には、いかにも商業臭がするものだけではなく、意外なものも含まれている。たとえば紙でできていて、糸とゴムの仕掛けを動力として進むツチノコのおもちゃ［1章07］。ツチノコは一九七〇年代に日本で話題になった未確認生物（UMA）で、ものすごく太い体型のへビのような生き物。現在では、同時期に日本で飼われるようになったアオジタトカゲが野生化し、足が見えない状況で誤認されたものではないか、と指摘されることが多い。カズさんは「けっこうリアルに、くねくね進みます！」とうれしそうに語る。

「戦前」（一九四五年以前を漠然と指す表現。レトロ界隈の世界で「戦前」という場合、戦中も含むことは多い）のものも置いてある。たとえば、グリコの懸賞品としてプレゼントされていた「一等駆逐艦 吹雪」だ。ブリキ製で、この時代ならでは無骨な造形を施されている。見ている僕まで、思わず頬が緩みそうになる。

[**04**]超電磁ロボ コン・バトラーV(©東映)
[**05**]「0テスター」(©J.D&東北新社)
[**06**]月光仮面のおもちゃ
[**07**]ツチノコのおもちゃ

女の子もの

つぎに「女の子もの」、つまり女児向けに作られた商品もいくつか取りあげておこう［1章08・09］。

一九八二年から一九八三年にかけて放映された『魔法のプリンセス ミンキーモモ』の変身アイテム「ミンキーステッキ」と装飾品「ピカピカペンダント」が置いてある。どちらもポピーの商品だ。同じあたりに、一九八三年から一九八四年にかけて放映された『魔法の天使クリィミーマミ』の当時モノのカセットテープもある。『クリィミーマミ』のレコードはLP、EPの両サイズともによく見かけるが、カセットテープはわりと珍しい。カズさんは「子どもの頃は、男の子向けの世界と女の子向けの世界ってはっきり分かれてて、触れあうことはなかったけれど、いまは八〇年代の魔法少女ものに力を入れています。九〇年代の商品の扱いには悩みますが、セーラームーンは文句なく扱ってます」と話す。

僕はこれらの女児向けアニメがとても好きだった。『ミンキーモモ』は、ヒロインが突如として交通事故で亡くなってしまう展開に衝撃を受けた。ヒロイン役の声優を務めた小山茉美が歌う

「ミンキーステッキ・ドリミンパ」や志賀真理子が歌う番外編の主題歌「夢の中の輪舞《ロンド》」などの悲しげな曲がとても好きだった。『クリィミーマミ』だけでなく、同じ「ぴえろ魔法少女シリーズ」の『魔法の妖精ペルシャ』『魔法のスターマジカルエミ』『魔法のアイドルパステルユーミ』も熱心に楽しんでいた。僕がカズさんの店にまず惹かれたのも、このあたりのラインナップが充実していたからだ。

一九七〇年代にヨネザワ（現在のセガトイズの前身）が発売した「おはなしファンシーテレフォン」のデッドストック（倉庫で眠っていた新品同様の商品のこと）も置いてある。甘やかな薄桃色のプラスチックの本体に受話器、ダイヤル、カラフルなボタンがついていて、ダイヤルの真ん中には当時の少女マンガのヒロインを思わせるイラストのシールが貼られている。カズさんは「この手の電話のおもちゃは多種ありますが、このヨネザワのものこそがデフォルトであり、いちばんかわいいとも思っています。形といい、色、シールの絵柄といい、完璧にかわいいです」と話す。

カズさんの店には、レトロなキャラクターものの日用品も充実している。一九八二年から一九八四年にかけてアニメ化された三浦みつる原作の『The♥かぼちゃワイン』の、長身の人気ヒロイン「エル」をかたどったシャンプーボトル。同種の商品はほかにも出ていて、『魔女っ子メグちゃん』の場合は、首から上がキャップになっている。使用するたびにメグちゃんの生首をもぎとるわけだが、『The♥かぼちゃワイン』の場合はもっとひどい。髪がキャップになっていて、使用するたびにエルは禿頭になってしまうのだ。カズさんは、「あははは、お嫁さんにしたいNo1キャラクターのエルちゃんも、シャンプーボトルになると、とんでもない事になってしまいますね」と喜ぶ。

僕はレトロな絵柄の少女向けアイテムが大好物なので、ほかに置いてある商品では、一九七〇年代にコーリン鉛筆が発売した高橋真琴のイラストが入った鉛筆や色鉛筆のデッドストックが気になる。コーリン鉛筆は、かつて三菱鉛筆とトンボ鉛筆に次ぐ業界大手だったけれど、二〇世紀末に倒産してしまった。中原淳一が一九五四年から一九六〇年にかけて刊行していた少女向け雑誌『ジュニアそれいゆ』も何冊か置いてある。この雑誌では中原淳一のイラストだけでなく、内藤ルネの初期の作風を楽しむこともできる。これらは僕の趣味のど真ん中にあたる。少女趣味と笑われるかもしれないけれど、いま名を挙げた高橋も中原も内藤も、みな肉体的には男性だった。

さらに時代が古いものだと、戦前の慰問葉書「娘の四季」が置いてある。ひとつの季節につき二種類の中原淳一の絵が描かれていて、八枚綴りになっている。カズさんは「春夏秋冬、どれも着物を着た美しい少女の絵が描かれていて、すばらしい絵葉書のセットとなっています。一枚も欠ける事なく、ちゃんと八枚揃っているものに出会えて本当に幸運だなと思います」とコメントする。

僕はさらに同じような系統のアイテムに視線を移す。たとえば羽子板だ［1章10］。羽子板には

［08］［09］どちらも女の子向けの商品
［10］羽子板

飾り用のものと、実際に遊びに使えるものとがあるが、ここには遊べるものが並んでいる。他方、衣装生地をたっぷり貼り、刺繍を施して立体的になった飾り用の羽子板もある。昭和初期のおままごとセット（デッドストック）にも惹かれる。それにサクラビスク人形。頭は陶器、胴体と手足は桐塑《とうそ》（桐の粉末と正麩糊《しょうふのり》を混ぜた粘土）でできていて、少女の顔をしているが、白目がなく黒い瞳だけなのが、見方によってホラーだ。子猫と人間の合成生物のような印象。寝かせると「ママー」と泣き声を出しながら眼を瞑《つぶ》るものもある。「カズさんの店にとってはマニアック過ぎませんか？」と尋ねると、「こういう方向の商品に惹かれたというのが、うちの店をやる原点のひとつになったので、外せないと思っているんです」と答える。

おとな、赤ん坊、または家族、そして職場に属するもの

「男の子もの」でも「女の子もの」でもない商品もびっしり揃っている。おとなや赤ん坊が使っていた、あるいは家族全体や職場に属していたアイテムだ。とりわけ僕はじぶんが生まれる直前の時代に憧れが強く、一九七〇年代のものが気になってしまう。

エバラ食品がこの時代、販促用に作っていた空気ビニールボール。カズさんは「モティーフが野菜や果物なんで、やはり焼肉のタレの販促品なんでしょうか。こういう少しシュールでマヌケ

な世界観が、昭和ならではで大好きなんです」と解説する。

同じく一九七〇年代に作られた、グリコの「パピコ」や「パッフル」などアイスクリーム系商品の販売を促進するための店頭用販促POP。当時アイドルとして活躍した岡田奈々の写真が大きく掲載されている。危うく「買います！」と言いそうになる。同じ商品は、すでにひとつ美品を持っているのに。

コロムビア社製のレコードプレーヤーもこの時期のもので、完全未使用の完全可動品だ。ちゃんとAMとFM両方のラジオ放送を聴くことができ、レコードプレーヤーも動く。左右スピーカーそれぞれ個別に音量調整ができる。

ほかにこの時期のものでは、ポリプロピレン製のゴミ箱（デッドストック）がある。高さが六〇センチメートル近くあるため、存在感が抜群。美少女の写真シールが貼られている。カズさんによると、「この当時の生活雑貨はラベルも注目する点で、なんともかわいい写真のものが多く、本体以上に魅力を感じることも多々あります。あまりに大きいから、買いとるか悩みましたが、カワイコチャンのラベルが決め手になりました」とのこと。

総合商社でありつつ医薬品、医療用機器などのメーカー機能もあわせ持つ興和のキャラクター、カエルの指人形［1章11］。カズさんの店には家族のような三匹が並んでいた。水色のパパはスーツを着て蝶ネクタイを締め、薄桃色のママはロングドレスをまとって首飾りをつけ、黄緑色の坊やはオーバーオールを履いている。カズさんは「このレトロポップと言いましょうか、この時代のプラスチック系アイテムは、妙な中毒性がありますね」と優しい顔をする。

ほかに七〇年代ものとして、一〇円のみ使用できる赤い公衆電話、店頭用タバコ自販機などの大掛かりなものもあった。こういう大きく、そしてそれに合わせて値段の張るものでも、ちゃんといっぽう堂まで足を運んで買っていく客がいる。

当時の女性用ドレスやアクセサリーも置いてあって、まるで女性の経営者がやっている店と錯覚しそうになる［1章12］。もちろん女性客に大いに歓迎されている。カズさんらしいオシャレな商品展開と言えるだろう。

僕の好みばかりで申し訳ないけれど、戦前のグッズにも心を惹かれてやまない。

戦前にセルロイドで作られたアヒルのおもちゃたち［1章13］。セルロイドは硝化綿と樟脳を主原料とする世界初の合成樹脂で、同時に世界初のプラスチック素材としても知られている。カズさんは「セルロイド玩具は、素材の特性上、割れたり、へこんだりしていない、状態の良いものを探すことが非常に困難です。なかなかのコレクター泣かせなアイテムなんです」と説明し、「しかし、このセルロイド特有の柔らかな質感はいつ見ても癒されますねぇ」とため息をつく。

一九二〇年代、年号で言えば大正時代に作られたと思われる「森永ミルクキャラメル」の紙製大箱があって、蜂蜜のようなくすんだ金色が美しい［1章14］。同じ時期のタバコ「ゴールデン

[11]カエルの指人形[12]j女性の洋服[13]アヒルのおもちゃたち
[14]森永ミルクキャラメルの紙製大箱[15]「大阪松尾健寿堂ウルユス」の看板

バット」（一〇本入り、価格八銭）は、手のひらサイズということだけでなく、モスグリーンの包装がなんとも愛らしい。同じくらいのものと思われる古めかしい「大阪松尾健寿堂ウルユス」の看板も良い味わいだ［1章15］。

いつの時代のものかは曖昧だけど、民芸品のたぐいもいろいろ置いてある。カズさんの説明に耳を傾けてみよう。「こういう商品の「ゆるい」顔つきを見てると『まんが日本昔ばなし』の市原悦子さんの声が頭のなかに聞こえてきます。「おらぁあんころ餅が食いてぇだぁ」とか（笑）。いまではすっかりキャラクターもののおもちゃがお店の大半を占めていますが、お店をオープンしたての頃は、こういった民芸品や骨董寄りのものが大半でした。なぜ縮小になったかですか。答えはかんたん、コケシとかばかりじゃ食べていけないからです（笑）。かわいくておもしろい世界なので、僕自身も好きで、取りあつかいは続けますが、キャラクターものと違って、コレクターの分母の数がぜんぜん違いますし、ピンポイントで好きな人が現れないと売れないので、これを軸に商売は成りたたないのが現実なんです」。

おもちゃに飢えた幼い日々

カズさんは一九七五年に生まれた。父は兵庫県豊岡市城崎《きのさき》の温泉で料理人として勤めたあと、福井県敦賀市に移った。謎の多い人物で、やたらケンカっぱやくて、職場で揉め事が絶えず、カズさんの母親に苦労をかけたとのこと。カズさんは長男で二歳下に妹、三歳下に弟がいた。

カズさんは当時の日本が「まだ飽和していない時代だった」と考える。マンガのプロットなんかにしても、いくらでもフロンティアがあったと振りかえる。パソコンが普及する前で、スマートフォンは誕生していないから、子どもたちが夢中になるものは、それ以前の時代から長らくマンガやアニメだった。初めて映画館で観たアニメ『銀河鉄道９９９』が、ゴダイゴの歌う有名な主題歌とともにカズさんの原体験となった。

カズさんは「ほんとにめちゃくちゃ貧乏やったんです」と寂しそうだ。テレビはさすがに置いてあって、一家団欒の中心として機能していたが、ＣＭに映しだされるおもちゃは何も買ってもらえなかった。母親の買い物についていったら、おまけ付きのお菓子を眼にする機会がたくさんあるのに、いっさい買ってもらえない。それに対する鬱憤が、現在のカズさんの原動力になっている。「あの日にタイムスリップして、当時のじぶんや妹と弟に、いまいっぽう堂に並んでいるおもちゃを贈ることができたら、どんなに良かっただろうかと、そんなことをときどき思ってしまうんです」。

この頃のカズさんが興味を持っていたのは男の子向けの番組とおもちゃだけだった。先ほど話題にしたように、男の子向けと女の子向けが、いまの時代よりもはっきりと区別されていた。男の子の色は青色で、女の子の色は桃色、といった固定観念にも確固たるものがあった。成長するにつれて、だんだんと女の子向けの番組とおもちゃが気になるように変わったのではあるが。

カズさんにとっておもちゃ代わりになったのは、裏面が印刷されていないチラシだ。そこに絵を描いて楽しむことができる。空想した城など、想像のうちでのみ訪れられる特別な場所。アニメや特撮番組のキャラクターでなかったのは、模写の参考にできる絵本やおもちゃが手元になかったためだ。

小さい頃は、じぶんの家がとりわけ貧乏だということに気づいていなかっただけに、まだ幸せだったとカズさんは考えている。活発な少年で、野球をするのが好きだった。

オタク趣味の少年労働者として

中学時代、カズさんが好きな科目は美術だった。それ以外の科目はいまひとつだったという。いまでは、とくに歴史と英語をちゃんと勉強しておけば良かったと後悔している。扱う商品のために歴史背景に関する膨大な知識が必要だし、外国人を相手に取り引きをすることもあるからだ。もっといろんなことを理解できるようになっていたら、店を五年か一〇年ほど早くオープンできたかもしれなかった、と残念そうに言う。

中学生になるとともに、筋金入りのオタクに変貌した。毎月一冊、アニメ雑誌の『アニメージュ』を購入するようになった。複数あるアニメ雑誌のうち、『アニメージュ』を選んだのは、発行元の徳間書店がもともとスタジオジブリの親会社で、雑誌にはよく宮崎駿の特集や連載マンガ『風の谷のナウシカ』(一九八二〜一九九四年)が掲載されていたからだ。カズさんは国民的映像作家になりつつあった宮崎の作風を熱愛する少年だった。

『天空の城ラピュタ』(一九八六年)を観て、思春期のカズさんはドキドキした。まだ胸が膨らむか膨らまないかの時期のヒロインのシータが、遠慮なく主人公のパズーに抱きつく。じぶんにはそんな相手もいないから、パズーをうらやましく感じた。内心でパズーはどれほどエロティックな感情に悶々としたことか、とカズさんは想像した。「宮崎駿ってどれだけの変態さんなんだろう」と思ったそうだ。

宮崎アニメに心を慰められつつも、カズさんは鬱屈しつつあった。まわりのクラスメイトに対する観察力が芽生えてきて、じぶんの家庭の貧困ぶりがつらく感じられ、心を病んでしまったのだ。背がどんどん伸びて、入学する際に買った制服が体に合わなくなった。袖の丈が短くなり、ズボンがはちきれそうになったのに、買いかえるお金はもらえない。制服に限界が来て、カズさんは学校に行くのを諦めた。

カズさんは中学卒業を待たずに家を出て、ひとり暮らしを始めたのは一五歳のときだ。「『魔女の宅急便』みたいに小綺麗な自活じゃなかったですね」と微笑みを見せる。平成初期で、いまよりも少年労働に関するコンプライアンスが弱かった時代だ。貼り紙を見て、新聞配達のアルバイトに応募した。住みこみ付きで、高校に通いながら働ける。その道を選ぶと、少年労働者のパズーをますます身近に感じた。

早朝に新聞を配って、京都から草津まで二〇分ほどJRの新快速に乗って登校する。定時制の高校で、この種の高校はそれまで四年制だったのに、全国で初めて三年制を採用して、その一期生になったとのこと。昼過ぎで授業は終わり、また新聞配達の時間が来る。

営業所にふらっと現れたカズさんを雇ってくれた所長は苦労人だったと思う、と振りかえる。最初の一ヶ月、いつも街の中華料理店に連れていかれ、夕食を恵んでもらった。給料が入ったら、袋ラーメンを買いこんで、たいせつに食いつぶしていく。毎月七〜八万円が手もとに残るから、それをアニメショップで散財する。『アニメージュ』を買って、あとは『ナウシカ』のラミカード（イラストや写真をラミネートフィルムで加工したカード）を集めたりした。

高校にちゃんと通っていたのは一年半くらいだが、生徒たちの境遇に対する学校側の同情が深かったのか、卒業させてもらえた。のちに再会した同級生には、「おまえが卒業できたのだけは、納得できひん」とツッコまれてしまった。

カズさんはじぶんが「めちゃくちゃ尖っていたんです」と断言する。「ジャックナイフのような、という形容がありますが、そういう感じだったと思います。おとな連中には、よう噛みつきましたね。でもヤンキーじゃなくて、オタク。身長が一八〇センチになりましたから、存在感があって、目つきが怪しい精神異常者系の怖さ。いわゆるヤンキー的なグレ方に憧れなかったですね。ああいうの、嫌いでしたねえ」。

ビートルズ・黒衣装

高校生のカズさんは、寒い下宿で新聞紙にくるまって体を温めながら、「同世代のやつらは、親の保護下でぬくぬくとした思いを抱いてるんやろうな」と屈折した思いを募らせた。そんなある日、音楽活動との出会いが訪れる。高校三年生のときだった。

「同級生に教えてもらったんですわ。ビートルズとかオールディーズの曲も教えてくれて。ギターやるんやったら、アニソンはちょっとカッコわるいかなって思いもあって。そっからはオタクをやめて、ひたすらヘタなギターを一年練習しまくって。三条京阪前に土下座像〔筆者注――高山彦九郎像〕ってあるでしょ。その前で弾き語るようになったんです」

カズさんは高校を卒業して、一九歳になっていた。中学高校時代は散髪代を惜しんで、じぶんで髪を切っていたが、生まれて初めて美容院に行ってみた。服も良いものを買った。二〇歳の頃から現在に至るまで黒い衣装しか身につけなくなったのは、原体験のアニメ『銀河鉄道999』のヒロイン、メーテルの影響を受けてのことだ。オタクをやめてもこの作品だけは例外扱いして、ビートルズやオールディーズの曲に交えて、ゴダイゴの曲もギターの弾き語りで歌った。世間ではB'z、Mr.ChildrenなどのJ-POP、GLAYなどのヴィジュアル系が全盛期を迎えていたが、カズさんは頓着しなかった。「流行に乗って群れるなんて、ちょっとね」と微妙な笑みを見せる。以来、二五、六歳になるまで、その日暮らしを続けた。いまから思えば、照れくさくもあり、若い頃の勲章のようでもあり、という日々だ。

マンガ家への夢と転機

二〇代半ばになると、カズさんの心のなかで未来に対する不安がふくらんだ。「このままではキツイな」と感じるようになって、音楽生活にケジメをつけることにした。

「じぶんはこの人生を使って、ほんとうは何をやりたいんだろうか?」と自問した。結論は「マンガ家」だった。パートとしてメガネ屋で毎日七時間くらい働き、あまった時間はすべてマンガ執筆に費やした。その生活が二七歳のときから七、八年ほど継続する。

「いま思うとおかしくなってたんちゃうかって思いますけど、ネーム(マンガの下書き)や原稿が何千枚も生まれました。第三者が見たらどう思うかって知りたくて、弟にアドバイザーになってもらったんです。僕が荒れた時期があったので、ずっと仲良かったわけじゃないんですけど、関係を修復してね。メガネ屋の仕事に思い入れはありませんでした。納得できんことがあったら、社員たちとケンカしてましたから」。

同じ頃、同世代の男性が店主を務める京都のレトロ店「Ｓ／Ｍ」（仮名）に行きついた。「めちゃくちゃヘンなもん、揃ってるやん」「内装がすごすぎる」と仰天した。商品をいろいろ買っているうちに店主と親しくなって、レトロ商の単純な原理を伝授された。「カズくん。あのね、骨董市で一〇〇〇円のものを買って、店に来た客に一一〇〇円で売れたら、一割の儲けになるでしょ。一五〇〇円で売れたら、儲けは五倍になる。三〇〇〇円で買ったものを一万円で売ってもいい。「そのくらいでも買いたいやつはいる」と読めるかどうかがすべて。目利き次第での錬金術。やめられなくなるよ」

店主のこの入れ知恵でカズさんの視界が開けた。しかもこの店主はかなり奇特な人柄で、「こういう感じでもやっていけるんなら、じぶんだって充分に脈アリだ！」と思えた。勝負の時が来た、と心に込みあげてくる熱い思いに支配された。心配していた店の家賃にしても、立地を慎重に選べば、問題なくいけると教えられた。カズさんは町外れに二〇坪の居抜き（設備や家具がついている物件）の貸店舗を見つけることに成功した。それが「いっぽう堂」の旧店舗になった場所だ。

「壁紙も床もぐちゃぐちゃでしたわ。きれいに掃除するのに一ヶ月かかって、毎日ゲロ吐いてたほどです。毎日、近くの喫茶店に飯食いに行ってたんですけど、食事する気になれなくて、「すみません、お粥を作ってもらえませんか」ってお願いして。二月に借りて、真冬なのに暖房がない。身長一八〇センチなのに、体重は五〇キロ台前半。「あんた開業前に死ぬで」って言われながら、お粥をありがたくいただきました」。

店の名前は「いっぽう堂」に決めた。思いがけぬ「一宝」が見つかる店という意味あいと、カズさんの本名・一豊《かずとよ》を掛けてある。

内装、ディスプレイ、品質管理

いっぽう堂に行くたびに驚くのは、まず内装の巧みさ、そのディスプレイが放つオーラの強烈さ、そしてレトログッズが美品揃いだということだ［1章16］。

いっぽう堂が始まってから五年ほどのあいだ、カズさんは居酒屋やバーを昭和レトロ風に改装する仕事もときどき請けおっていた。店はまだ暇なときが多かったし、もともとは改装の仕事がレトロ店開業のきっかけになったのだから、格好の副業だったと言える。

じぶんの店もそうだが、ディスプレイには時間がかかる。「ああでもない、こうでもない」と配置を何度も並びかえていく。壁に貼るものがあれば、壁の余白とのバランスが重要になる。物同士を並べるときでも、間隔がちょっと違うだけで、印象が大きく変わる。まちがえれば「ゴチャゴチャ」になってしまう。カズさんとしては、それとは似て非なる「賑やかさ」を達成しなければならない。その塩梅を調整する際に、美的センスが問われる。

インターネットがほとんどの人々に無縁だった昭和時代、内装の文化が非常に発展した。カズさんは問いかけてくる。「店内では実際の売り物を置くスペースを確保することがいちばん重要ですよね。看板やポスターを貼りつけるのも、なかなか難しいということになります。その上で宣伝スペースを効率よく確保するには、どうすればよいと思います?」

答えは「空間に吊るせば良い」だ。壁が埋まっているなら、壁に囲まれた宙空で宣伝すれば良い。そこで昭和時代には、吊るし看板がたくさん作られた[1章17]。吊るされた看板の下に商品が入れられる什器がついたものも生まれた。カズさんは語る。「いまの時代の宣伝広告は、そういうふうな物質的経費とか面倒とかをかけなくても、スマホ、モニター、コンピュータなんかで効率よく多くの人に見てもらえるようにシステムが構築されています。それですっかり看板の役割がなくなってしまった。吊るし什器なんかも、もう見ることがなくなりましたからね。レトロ好きとしてはなんとも寂しい限りです」。

いっぽう堂は昭和のこの伝統を継承していて、天井からいろんな商品がぶらさがっている。かって宣材だったものが、レトログッズの商品に姿を変えている。

抜群のディスプレイによって引きたてられた取りあつかい商品は、いずれもピカピカしている。倉庫で眠っていたデッドストックや、購入されても開封されなかった未使用品が多くならぶ。いっぽう堂はレトロ店にありがちな「なんだか、ひどく不潔な感じだなあ」という印象の商品たちと無縁だ。

そもそもレトロ店は、カタカナで言えばセコハン（セカンドハンド）、ユーズド品、よりふつうに言えば中古品を扱う業態で、店によってはボロやクズやゴミにしか見えないものを当然のように並べている。カズさんが並べる品は、なぜこんなにピカピカしているのだろうか。仕入れで新品同様のものだけを選り好みしているわけではない。そんなことをしていたら、ロクに商品は入って来ず、店は回っていかない。「こいつはちゃんと掃除したら、きれいになるなって見極められるかがポイントなんです」とうれしそうに語る。「取ってきた物は、大半が埃まみれでドロドロです。洗って磨いてようやく店に並べることができる。一〇年以上店やって、これだけはわかったんですが、古物屋ってのは、物を磨いてナンボってことです」。

掃除にはもちろん手間がかかる。たとえばポピーから発売されていた「ジャンボマシンダー」シリーズ。ポリエチレン製で全高六〇センチメートルほどの大きな人形で、同じくポピーが発売した「超合金」がおもちゃ界を席巻するようになる前の時代、男の子向け玩具の王様のような存在だった。『仮面ライダーV3』、『マジンガーZ』、『UFOロボ グレンダイザー』、『ゲッターロボ』、『スーパーロボット レッドバロン』などの主役キャラ・主役ロボットなどがラインナップになった。

カズさんは語る。「マシンダーはポリ素材なので、本体を削ってしまうメラニンスポンジなどは使えません。基本、中性洗剤とコンパウンドで汚れを落とすんです。でも色の濃いパーツにコンパウンドをかけると白くなってしまいます。まぁそのような感じで、磨くこと自体がクイズのようなものなのですが、そのクイズの答えを探して、キレイにする方法を見つけ出す事が古《ふる》トイ屋（中古玩具店）の仕事の一つなんです」。

あるいは一九五〇～一九六〇年代に女の子のあいだで流行した「ポーズ人形」。五〇センチくらいと大きく、当時の少女向け雑誌のファッション写真に出てくるような装いをしている。部屋の片隅に飾るもので、一九六〇年代後半から、リカちゃん人形を代表とする「着せかえ人形」が流行する前の時代、女の子向け玩具の女王様のような存在だった。カズさんは知見を披露してくれる。「この手の人形は、材質の特性上、どうしても経年によるシミなどがありますね。顔に目立つシミや汚れがないことが、店に置ける商品として選ぶ上での重要な基準となります」。

前述した「サクラビスク人形」についても、カズさんは力説する。「戦前のものは百年近く経年していますから、清掃するにも細心の注意が必要なんです。お顔の掃除も、お化粧を取らないように、髪の毛や服、体の素材、経年による劣化なども考慮しながら綺麗にしていかなければなりません。もっと歳取ってジジィになったら、気力がなくなって磨かずに、取ってきた物をそのままの状態で出す「初出《ウブ》しスタイル」になるかもしれませんが、気力がある内はせいぜい磨いて出せたらなと思うんです」。

レトロ屋修行時代

旧店舗は二〇一三年二月に借りて、六月に開店した。別のレトロ商に弟子入りしたり、アルバイト店員として雇用されたりした経験がまったくないため、ノウハウはゼロから構築しなければならなかった。当初の品揃えは現在とはかなり異なっていて、レトロかどうかも意識せずに集めてきた「マイコレクション」を放出する形から始まった。

収集家と言えば、コレクションに強く思いいれ、家族以上にたいせつと思う人すら稀ではない。「僕だって、愛着も執着もあります。でも、手放す抵抗はありません。それまでの人生を考えるとね。すごく貧乏な家で育って、ちっちゃい頃からやりたいことをやれない、おもちゃを買ってもらえない。そこで受けた心のダメージ、トラウマがすごくおっきいので、なんとかしてお金を作って、過去できなかったことをやる。心の空白を埋める。それがいちばん重要なことで、コレクションのたいせつさは副次的なものなんです」。

[16] 店内
[17] ナショナル製乾電池の吊るし看板

また、カズさんはじぶんがほんとうにやりたいのは、マンガ家だという思いを捨てていない。いまでもイラストや短編マンガをインスタグラムに投稿することがあり、いつかほんとうにマンガ家になれないかな、と夢見続けている。「店が繁盛するようになって、正直、集中して絵を描ける時間はないんです。でもいまは店をやるのが楽しいし、どうせやるんやったら、クオリティの高い店を、という思いがある。最終的には絵だけで食えたらいいけど、それはまだまだ未来の夢ですね」。

旧店舗は、「晴れていたら開店」というわかりやすい営業形態だった。雨が降ったら、客足は非常に落ちてしまうから店は閉めてしまう。少ない休日でガムシャラにやったものの、なかなかうまく行かなかった。「店を始める前からの交友関係に頼ったこともあるし、アタマ悪かったと思いますね。そんな状況で、店が成長するはずなんかない。買いつけ先で物選ぶにしても、あの子きっと「かわいい」って喜ぶやろな、みたいな私的な考えで、よう売れもせんものを買いとっていた」。

時とともに、甘い考えの限界をさとり、カズさんはようやく「マジ」になった。すると店は軌道に乗りはじめた。緻密に分析して購入しているから、店のレベルも洗練されていく。「趣味でなんとなくやってるだけの店を抜けだすことができたんです」。

僕にとって意外だったこととして、カズさんはむかし僕が客として頻繁にいっぽう堂を訪れていた時期に交わした会話のひとつを、はっきり覚えていると語ったことだ。僕はいっぽう堂で何度も数万円の買いものをしていたけれど、あるときカズさんに「こうやって儲かった金って、カズさんはどう使うんですか」と尋ねた。カズさんは「そのまま仕入れに使うよ」と答えた。僕はうれしくなって言ったのだった。「そうですよね。そうあるべきですよね。ここはそういうふうな店だと感じるからこそ、こうやってたくさん買っていきたいという気分になる。ひとつの投資です。どんどん買うから、もっとどんどん良いものを置いてほしいって、思ってます。ちょっと儲かったから、贅沢な食事をする、レジャーに投入する、みたいな態度でやってる店では、なるべく買いたくない。いまの時代、物はあちこちに溢れている。ほかのレトロな店でも、骨董市でも、Ｙａｈｏｏ！オークションでも、まんだらけでも買える。でもいっぽう堂のファンは、カズさんを応援したいからいっぽう堂で買う。そのファンの気持ちを意識しながら商売をするって、たいせつなことですよね」。

カズさんは懐かしそうに言う。「マコトくん。きのうのことのように思いだせるわ。ほんまにそのとおりやな！って思ったんよ。店をやっていく上での考え方が一新された気がした。だからきみはこの店にとって、思わぬ貢献をしてくれた人なんだよ」。カズさんは褒め上手だ。おそらく僕が言ったようなことは、ほかの誰かからも言われたことがあると思う。僕の発言よりもずっと冴えたアイデアが、カズさんを応援したい客たちからいくつも出てきたことだろう。それがカズさんといっぽう堂を押しあげてきた。

一〇年ほど前、店を始める前後に父親が亡くなったという知らせを受けとったが、カズさんは興味を感じなかったと話す。「でも思うんよ。アイツは地獄に行ったやろうけど、閻魔様に、「そっちに送る前に、ちょっとアイツしばかせてくれるか」って言いたかったって」。母親は去年（二〇二二年）亡くなった。父に苦労をかけられた人として、母には同情していた。弟が亡くなり、父が亡くなり、母が亡くなって、妹だけが残った。家族がいないカズさんは、いまでは妹によく相談事をしている。

ポピニカの「コン・バトラーV」が突破口に

店を始めてから、五年か六年して、売りあげを作れない年があった。「これはもう潰れるか」と覚悟を迫られた。

それまでのいっぽう堂の商品と言えば、たとえば子ども向けのイラストが入った学習ノートが三〇〇円、レトロポップなガマ口財布が四〇〇円、花柄の透明コップが五〇〇円、といった低価格帯のものが主力だった。それらの商品は、仕入れのリスクがない。二〇〇円で仕入れた文房具を四〇〇円で売れば、利益は二〇〇円になる。「ちゃんと倍、儲かってるやん」と考えていた。

しかし、ある時突然来客がパタっと止まり、生活していけない状況に直面した。カズさんは「また勝負の時が来たんや」と思いを凝らした。それまでの「安全牌《パイ》ばかり商品にする」という方針をやめることにした。高額商品でも二万円、三万円という価格帯を上限として商《あきな》ってきたが、「これだけはうちの店に置いてみたかった」という商品にすべてを賭けようと思った。もしかしたら、それが「ラストの仕入れ」になるかもしれないと思いつめつつ、腹をくくった。

その商品がポピニカ（ポピーがキャラクター専門ミニカーのために作ったレーベル）の「超電磁ロボコン・バトラーV」だった。同名のテレビアニメ（一九七六〜一九七七年）の主役ロボットは、バトルジェット、バトルクラッシャー、バトルタンク、バトルマリン、バトルクラフトという五つのバトルマシンが合体した姿だ。このそれぞれのバトルマシンは当時バラ売りにされ、子どもたちは五つすべて買ってもらうことで、合体した巨大ロボットの完全な姿を楽しむことができた。

カズさんは「じぶん自身がほんとうにほしかったタイプのおもちゃなんやから、玉砕でもいい」と考えた。知っている古いおもちゃ屋を回って、ジャンク品を二セット、つまり一〇体のバトルマシンを入手した。部品を選びながら、状態の良い個体と状態が悪い個体を組みあげて、インスタグラムで宣伝した。するとどうだろう。両方の個体があっというまに売れ、しかも合わせた売りあげは仕入れの二倍の値段になった。「たった二回の取りひきでこんなに？」と驚いた。それからはカズさんは懸命になって、全国から同じ商品を集めだした。それはそれは考えられない数のマシンを仕入れ、組みあげて、考えられない数のコン・バトラーVを売った［1章18］。

カズさんは語る。「五体バラ売りでしょ。当時は泣く泣く揃えられなかった子どもたちが山ほどいたはずです。その人たち、つまり僕やマコトくんと同世代の人たちが、いま四〇代になって、社会の中枢を担うようになっている。子どもの頃に叶えられんかった夢って、一生の夢になる。いま、まあまあ稼げるようになってて、自由に使える小遣いがあって、少々高い金を出したって、どうしても手に入れたい、子どもの頃の夢をいま叶えたいっていう人って、いくらでもいるわけです」。

同様の形態の商品は、『コン・バトラーV』の後番組『超電磁マシーン ボルテスV』でも発売された。カズさんはその機体もしこたま集め、組みあげて売りまくった。ポピニカの「コン・バトラーV」や「ボルテスV」は正確には「超合金」のレーベルではないが、同種の玩具として認知されているから、いっぽう堂の評判はたちまち日本中の「超合金マニア」のあいだに広まった。やがて玩具レビュー動画を投稿するYouTuberのヲタファがいっぽう堂を訪れ、動画で紹介してくれた。反響は大きく、カズさんの店を訪れる客層が一気にふくらんだ。いま（二〇二三年八月）確認してみると、その動画はすでに一四万回ほど再生されている。

先にも述べたカズさんのディスプレイの仕方が、コン・バトラーVやボルテスVのますます見栄えをよくしている。組みあげたロボット形態のものを正面に置き、組みあげる前のマシン形態のものをまわりにあざやかに配置する。さらにその周囲に空き箱を並べる。店にそのような状態で飾るスペースがなくとも、写真をじょうずに撮って、インスタグラムにあげれば、喉から手が出るほど欲しい人にとっては、たまらないほど「そそる」光景になる。複数のアニメのロボットを並べた壮観な写真も撮る［1章19］。

関連作業はカズさんの欲望も満たしてくれる。「僕は箱にしまったまま、中身が見えないっていう状況があまり好きではないんです。なるべく箱から出して飾りたいと思ってしまう。傷みやすい形にはなるので、この問題に正解、不正解みたいなものはありませんけどね。でも、あした死んでしまうかもしれないのに、好きなおもちゃに触ることなく、飾ることなく、箱にしまったままで人生が終わってしまったら、なんだか寂しいというか、何してるかわからないなぁと僕は思うんです。手にしたオモチャの実物を、僕は気がすむまで実感したいと思いますね」。

サービス精神と満足感の一挙両得

以上の発言からもよくわかるとおり、カズさんには顧客に対する旺盛なサービス精神とじぶんの満足感を満たしたいという率直な欲望が同居していて、それがカズさんの飾り気のない魅力になっている。

商品を清掃するなどの作業は、朝の五時や六時まで続ける生活だという。それから眠って、店を開けるときには一〇時に起きだす。店は一三時から一九時までやっている。閉店後、店をくまなく確認する作業を怠らない。商品が売れれば、余白が生まれているし、客が触れば配置が乱れている。バックヤードの段ボール箱から新しい品を補充して、ていねいにディスプレイしなおし、新たに見栄えの良さを模索する。

深夜になってから、宣伝を兼ねて「インスタライブ」（インスタグラムの動画配信サービス）を使って、宣伝を実施することもある。ふだんは孤独で寂しく生きているため、店の商品を口頭で紹介したり、なじみのギターで演奏を披露したりして、客でもありファンでもあるような人たちから喝采をもらうと、とても励みになると語る。

以前はインスタグラムに投稿した商品を遠方の人に購入してもらって、発送することもあったが、現在では通販はやっておらず、店に来て引きとってもらうことにしている。たしかに、個人営業で通販は非合理的だ。かりにオンラインで客が五〇〇〇円の商品を購入したとしよう。店主はそれに感謝や入金方法を記したメールないしSNSのダイレクトメッセージを送り、入金を確認して発送作業を手掛け、発送後はまた連絡を送り、商品が到着したと伝えられると、改めて感謝を述べ、今後の愛顧を願う。その過程を無数に繰りかえすのだから、たいへんな手間になる。発送サービスを廃止して、直接的に店に来てもらうようにすれば、顧客にいっぽう堂のディスプレ

18

19

［**18**］カズさん［**19**］ロボットたち（画像協力190頁）

イのめくるめく魅力を堪能してもらうことができるのだから、追加で商品を購入してもらえる可能性も高まる。

インスタグラムでは、プレゼント企画を展開したこともあった。在庫のなかから手頃な商品を見つくろって、抽選会を実施する。レトロポップなプラスチック製の食器、容器、アクセサリーをまとめた「プラポップ賞」、一九六〇～一九七〇年代の少女マンガ風のイラストがついた女の子向け雑貨を詰めあわせた「夢みる乙女賞」、昭和の花柄がついたガラス製のコップや瓶をセットにした「ガラスポップ賞」、笑ってしまうような造形のパチモン（偽物商品）のロボット玩具を何体か合わせて贈るチープトイファン大興奮の「パチロボセット賞」、サンリオがかつて使っていたキャラクター「風の子さっちゃん（タイニーポエム）」のグッズを包んだ「風の子さっちゃん賞」。それぞれに北海道旅行のおみやげ（菓子類）もおまけにつけてプレゼントした。それらとは別に特賞も用意して、一名ずつに『クリィミーマミ』グッズ（当時もののEP、シール、文房具など）をまとめた「マミまみれ賞」と、『鋼鉄ジーグ』主役ロボットの大型プラモデル（海外製）から成る「ビッグジーグ賞」を贈った。カズさんのアカウントは、連日大いに賑わったし、カズさんのファンはどんどん増えた。

カズさんに言わせれば、常連客からあらかじめ欲しいものを教えてもらっておいて、「それを取ってきたら勝ち」ということになる。関西ではカズさんだけで買いつけに行くことが多いが、関東地方や東海地方には協力的なファンが住んでいて、買いつけの際に車を出してくれるなど、支援を惜しまない。自家用車はもちろん、運転免許も持っていないカズさんとしては、大いに助かっている。仕入れ先はさまざまだ。Ｙａｈｏｏ！オークションやメルカリを一日中観察していて、「これは」というものに入札しては、どかっと持ちこんでくる若者もいる。いっぽう堂に直接持ちこんでくれれば、交通費や手間代が浮くぶんだけ、査定額は大きくなる。

超合金などの「男の子向け」が主力になったいっぽう堂だが、「女の子向け」にも気を配っている。そんなに儲からない分野とはいえ、カズさんの趣味にはぴったりだ。さらに言えば、インスタグラムでは女性客たちのほうが男性客たちよりも熱烈にいっぽう堂を推してくれるから、彼女たちをもっと喜ばせたいという思いもある。とくに「ぴえろ魔法少女シリーズ」と、『セーラームーン』シリーズに関するラインナップを充実させたいと熱く燃えている。

先ほども話題にしたが、レトログッズを欲しがる人というのは、中心層としては四〇代以上になって、社会的に安定した立場を手に入れ、子どもの頃の夢を回復しようと願うようになった者たちだ。年齢があがって七〇代や八〇代になると、社会の主力から退き、「終活」を進めていくから、この世代にとって「ストライク」だった商品は、ガクッと売れなくなって、値崩れしていく。明治ハイカラ、大正モダン、昭和レトロ、平成ノスタルジーとレトログッズの流行も変遷してきた。やがて二一世紀初頭の文化をこよなく懐かしいと感じ、その時代の「レトログッズ」を手にいれようとする人たちがどっと増えていくはずだけれど、カズさんは楽観している。「その人たちはいま二〇代なわけでしょう。あと一五年か二〇年かして、レトロ熱に浮かされるようになる頃は、僕はもう引退済みのはずですからね。すれちがったままで大丈夫です」。

現状と未来への展望

二〇二二年三月末から、いっぽう堂は新店舗に移った。今年（二〇二三年）、旧店舗の開業からちょうど一〇周年になる。新店舗は駅からごく近い場所とはいえ、旧店舗のように京都市の中心近くにある立地とはずいぶん異なっている。僕が「不安はなかったのでしょうか？」と尋ねると、カズさんは「レトロなものにあんまり興味がなくって、なんとなく入ってきて、なにも買わずに帰っていくお客さんの相手をしなくて良くなりましたからね。ありがたいことです」と明るく答えていた。「いまの時代、山のなかに開店しても、交通機関のアクセスさえ良かったら、商売していけると思います。ＳＮＳがありますからね。こんな場所でも、テレビ局だってちゃんと撮影に来てくれますよ」。

カズさんは「僕の人生を振りかえってみたら、どこかでどうにかまちがって、西成あたりにでも行って、路上で生活するようになってってもおかしくなかったなって、思います」と話す。西成とは、日本最大のドヤ街と呼ばれた釜ヶ崎（現在は「あいりん地区」と呼ばれる）を擁する大阪の行政区のことで、関西人はよく「転落人生」を表現する際に「西成」を持ちだしてくる。「僕の人生は、全体的に不運なことが多かったと思うんです。でも、要所要所での悪運が強い。ギリギリになると勝負に出て、それに勝ってきたという自信がある。いまは売りあげを作る仕組みもわかって、金額も積もってきている。お金を作れる実感があって、楽しいかぎりなんです」。

カズさんは古本・レトロ玩具などを扱う最大手企業・まんだらけのビジネスモデルが参考になると指摘する。「レア物のジャンボマシンダーに数千万円のどえらい値段をつけて売ってる一方で、三〇〇円程度のレトロな消しゴムなんかも平気で並んでる。どえらいマニアもレトロ初心者も楽しんで買い物できる仕組みになってます」。

だからカズさんはいっぽう堂を高額商品ばかり扱う「絶版玩具屋」にしようとは思わない。値の張る商品も扱いつづけたいが、メインの価格帯は数千円のラインで、少しだけ数百円のものも置いてあるという配分。開店して数年間は数百円のものが主力だったから、ずいぶんと店が育ってきた。

それでもいつかは、やはりマンガ家として暮らしていきたい、と夢見ることはやめられない。「それだけで生活していけるんなら、いまやっている商売はいつでもすべて捨てるって、思ってます。僕、本質的には社会不適合者ですからね」と、カズさんは自虐するふうでもなく言ってのけていた。「いまはとりあえず、お金を作るということに照準を合わせています。僕のなかで店の優先度は、ずっとマンガの下にある二番手のまま。だから夢は、絵を描いて月々細々と食べていけるくらいのお金が作れるようになって、いっぽう堂を閉めることなんです。でも、どうせやるんだったら本腰で、どこまでも情熱を注ぐっていうことには変わりませんよ」。

カズさんは、自作のキャラクターのイラストをインスタグラムで公開していて、ファンがイラストを買いたいと求めてくることもある［1章20］。「じぶんの作ったものを欲しがってもらえることは、お店でどれだけ高額なものが売れることよりも、はるかにうれしい瞬間です」。ファンの女性が、カズさんが描いたキャラクターに依拠したグッズ（キーホルダーやトートバッグなど）を作ってくれることもあって、ときにはインスタグラムでそれらを販売している。LINEのスタンプなども制作済みだ。

カズさんは、「長生きをしたいと思わない」と断言する。「体が元気に動いて、バチくそに色気持ってやれるのは六〇までって思ってます。あと一〇年ちょっとくらいですわ。そのあとはいつ死んでもいいって思ってる。くたびれて、日々食べるためだけに生きるのは、つらいことです。でももし、これからの十数年で人生を完全燃焼できたら、また状況が変わってくるかもしれない。そのために力を尽くすつもりです」。

[20]カズさんのイラスト

たくさんの笑いとちょっぴりの哀しみで連帯する

「はじめに」で記した僕の「第四次レトロブーム」の時代、カズさんの店では男の子向けの商品も女の子の商品もたくさん買ったけれど、それらはおおむね雑貨や日用品で、本格的なおもちゃにはほとんど手を出さなかった。僕が本格的に何かにハマったら、全財産を使いつくすどころか、クレジットカードで数百万円の借金までして散財することは自明だったし、自宅ではものが氾濫して、部屋中から悲鳴が聞こえてくるような殺伐とした荒れようだった。

それでもいっぽう堂で『キャンディ・キャンディ』の掃除機を見つけたときは、どうしても購入しないでいられなかった。小動物の乗り物のようなサイズの愛らしい本体。全体が赤いプラスチックで作られ、貼られたシールには金色の髪のヒロイン・キャンディがキラキラとした笑顔を浮かべている。バンダイから発売された正規品だけれど、箱に描かれたキャンディのイラストは、まるでパチモンのような印象で、笑ってしまいそうになる。そういう「パチモンっぽさ」が僕の正真正銘のストライクゾーンだった。

だからいっぽう堂に並んでいる男の子向けグッズでは、ロビン（のちにポピーに吸収された玩具会社）が発売していたゼンマイ式の三輪車ソフビ人形にこよなく惹かれた。『秘密戦隊ゴレンジャー』（一九七五～一九七七年）のミドレンジャーやモモレンジャー、『時空戦士スピルバン』（一九八六～一九八七年）の主役ヒーローのような等身大ヒーローのみならず、『勇者ライディーン』（一九七五～一九七六年）や『最強ロボ ダイオージャ』（一九八一～一九八二年）といった巨大ロボットまでが、三輪車にまたがった形状で発売されていた。巨大ロボットが三輪車で走る。僕たちの現実がシュールレアリスティックな幻想世界と融合したかのような錯覚が起きる。カズさんは「この無茶ぶり感が、「昭和のおもちゃ」丸出しで、じつにおもしろいでしょう。このへんのアイテムはチープであればあるほど、昭和感が出て、すばらしいですね」と笑っていた。

かつて、いっぽう堂に通いだすや否や、子どもの頃から僕の内部でくすぶっていたパチモン趣味に一気に火がついて、抑えられなくなった。関西各地や東京の骨董市、多数のレトロ店を回っては、「これは」というパチモングッズおよびパチモンっぽい正規品を集めまくってしまった。カズさんも「昭和レトロをやる上ではパチモンとか無版権とか呼ばれるジャンルは、避けては通れない世界やね（笑）」とうれしそうだった。

そういえば、カズさんの店で「こんな世界があったのか」と驚いたものがあったことを忘れていた。それは「エログッズ」の領域だ。昭和時代に「ロリコン雑誌」のたぐいが存在したことや、グラビアアイドルの写真がエッチな姿体で掲載されたテレホンカードなどが多数販売されていたことは、もちろん昔から知っていたのだけれど、いわゆる「秘宝館」などに飾ってある性に関する多様な雑貨、おもちゃ、御守りなどについて僕は何も知らないできたのだ。そういう商品もカズさんの店でたくさん見て、衝撃を受けた。

僕はいい年をして、じつにウブなところがあったと思う。たちまち、そういうたぐいのアイテムをかなり力を入れて集めるようになった。カズさんは「昭和時代のエログッズは、どこか間が抜けた感じがして、愛嬌があっておもしろいので大好きなジャンル。エロに対しておおらかな時代の産物だと思ってます」と語るが、まったく同感だ。もちろん「おおらかな時代」ならではの社会問題もたくさんあったとは思うのだけれど、すっかり風向きが変わったいまの時代に、時として懐古趣味に浸ることくらいは許されても良いだろう。

カズさんの店には、ところどころに全体のカラーとは異なる商品も見え隠れしていて、初めて訪れたときから気がかりで仕方なかった。カズさんが開業するきっかけの言葉を得た別のレトロ店「𝕊／𝕄」（仮名）を教えてもらい、出かけたところ、いっぽう堂に勝るとも劣らないディスプレイに加えて、いっぽう堂よりも骨董志向という点で、また別のおもしろさがあって、一時期の僕は、おもにいっぽう堂と𝕊／𝕄に通うために生きていたと言って良いほどだった。各地の骨董市を日頃から待ちわびて、招き猫を集めたり、犬や福助の土人形を集めたり、コケシのたぐいを集めたり、琺瑯《ほうろう》看板を集めたり、というふうに、どれだけ有頂天になっていたことか。

いっぽう堂と𝕊／𝕄に影響を受けて、一時期はじぶんの家のあちこちで同じようなディスプレイを試みるようになって、自宅はぐんぐんと日常生活に適さない場所になってしまった。いまではもっと広いマンションに転居して、ものを集めることもすっかり停止して——とはいえ、かつて集めたものを手放すつもりはまったくない——、快適な生活を送っている。

今回ひさしぶりにいっぽう堂を訪れて——新店舗は初めて——、カズさんにインタビューを実施して、改めてじぶんの趣味に関しても理解を深めることができた。レトログッズが帯びた、たくさんの笑いとちょっぴりの哀しみ。それにカズさんも僕も心を癒やされているのだと思った。想像もつかなかったような商品に出くわして、思わず笑いだしてしまう。懐かしい幼少の日々、若かりし栄光時代、体験しようもなかった生前の時代に思いを馳せながら、そっと哀しみに沈む。その感情の心地良いひとときを、どこまでレトロ趣味のない人に伝えられているだろうか。

おそらくカズさんがマンガ家になるという現実が、いっぽう堂の魅力の原動力になっていると感じる。カズさんはいっぽう堂のディスプレイを、マンガを描く作業の代償行為としてやっているのではないかと思う。というのも僕自身、マンガ家になるという叶えられなかった夢の代償行為として、著述活動をしているからだ。そんな代償は哀しいことではあるけれども、僕の文章はその無念を含みこんでいるところに長所があるのではと思っている。この僕の事情と同質のものを、カズさんの仕事に感じつつ、そう思う。

第2章

ナンブさんとマンガと紙モノ

ナンブさんの領域

　ナンブ寛永さんが扱っている商品は、紙を素材としたものが中心だ。レトロなマンガ、無名の人が書いた日記、無名の人が作ったスクラップブック、紙芝居、古めかしい同人誌、オタク系の商業雑誌、和本。さらに「紙モノ」と総称される古写真、絵葉書、絵封筒、古地図、木版画、護符、双六、商標（商品のラベル）、薬袋、ポスターなど。この意味で、ナンブさんの商材は「広い意味での紙モノ」と言うことができるかもしれない。

　しかし紙製でなくても、類似した趣味性を有する商品はいろいろと扱う。活版印刷の活字、琺瑯看板、当て小判、絵銭《えせん》（銭貨の形状の金属に絵や文字を刻印した民芸品）、呪符版木、お面、手毬、懐中時計、商品の空き箱、菓子型、空き缶など。これらの「ガラクタ感」に対して、僕自身も紙モノ同様に「たまらない」と酩酊しそうになる。

　ナンブさんは「南部堂」という店名で古本市などに出ることもあるとはいえ、いまのところは名古屋、京都、大阪などの骨董市や蚤の市で露店を出し、販売していることが多い。しかし主力の販売ルートはＹａｈｏｏ！オークションでの個人出品だと語っている。

マンガ第一主義

ナンブさんはX（旧ツイッター）やインスタグラムに入手したマンガを好んで投稿してきた。入手する基準は、しばしば内容以上にジャケット画の魅力にあるという。

太平洋文庫の一冊は、ジャケットに『千手菩薩』と銘打たれ、暗闇のなかでぼんやりと発光する千手菩薩が迫力たっぷりに描かれている［2章01］。その手前には、菩薩よりもずっと小さいサイズの剣を振るう侍が位置している。非常にそそられる映像感だ。

川本修一が太平洋文庫から刊行した『大洪水』のジャケット画もすごい迫力［2章02］。女性たちが人身御供《ひとみごくう》として木の柱に括りつけられ、膝のあたりまで勢いよく流れる水に浸されている。僕もこの本を所有したくなる。

大村功が兎月書房から刊行した『執念の鬼』［2章03］。頭にたくさんのロウソクの立つ燭台が付けられたザンバラ髪の侍が、垂れてくる熱いロウに顔を歪めて苦しんでいる顔が描かれている。背景には赤い大きな炎が揺れ、男の顔は対照的にゾッとするほど緑色に染まっている。炎と男のあいだには、刀を放りだした侍が倒れている。このジャケットもすごい。

ダイヤモンド文庫から刊行された『怪奇スリラー狂った一族』には、岩井しげおの「狂った一族」と桜井昌一の「気狂画家」が収録されている［2章04］。ジャケット画では、不気味に笑う女の左半身だけが緑色をしていて、永井豪の『マジンガーZ』（一九七二～一九七三年）に登場した悪役「あしゅら男爵」の霊感源だったのでは？　と空想を刺激される。その女の隣には、深い青色で塗られた黒猫がすっくと立ち、こちら側をじっと見つめている。怪奇なムード満載だ。

太平洋文庫から刊行された『血笑 第②集』は、一見するとマンガの本とは思われない［2章05］。リアルなタッチで顔が眼球まみれの巨大な怪物が描かれ、襲われた男が断末魔の声をあげている。後ろには枝が折れた木々やコウモリの姿が見える。僕の家にも置いて、オブジェとして愛おしみしたい欲望が湧く。

これらのマンガの中身は、多くの場合、ジャケット画ほど個性が際立ったものではない。いまではおもしろがって読むだろう読者がほとんどいない「前時代の遺物」と感じられる画風が中身を占めている。しかし実物の単行本を手に取りながら、ジャケット画をしげしげと眺められるだけで、僕たち好事家には購入した価値があったと実感される。すでに読者はおわかりだと思うけれど、マンガマニアと呼ばれる種族のうちでも、ナンブさん以上に濃厚な「数寄者《すきもの》」はほとんどいないと言って良いのが現実だ。

たとえばナンブさんが気になるマンガ家のひとりとして、マンガ史研究などでもほとんど注目されない保谷良三がいる［2章06、07］。一九五〇年代の初頭には健全な少年剣士がジャケットに

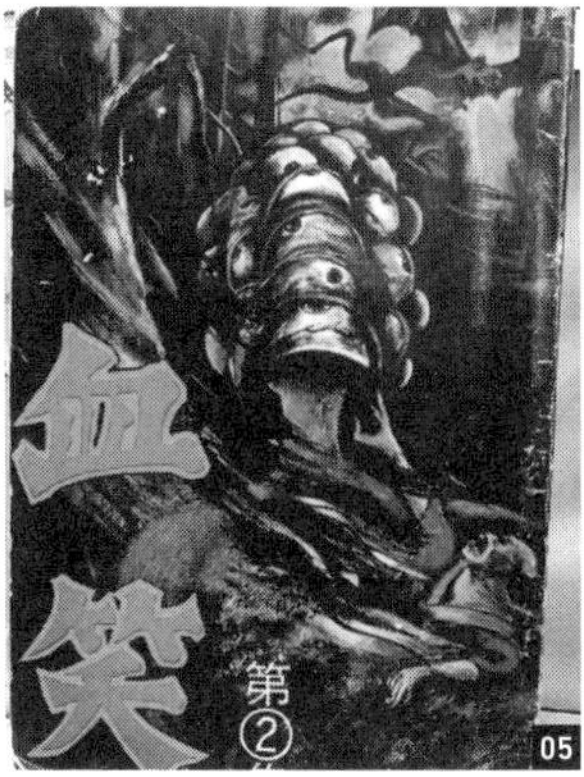

[01]『千手菩薩』太平洋文庫
[02]『大洪水』太平洋文庫
[03]『執念の鬼』兎月書房
[04]「狂った一族」ダイヤモンド文庫
[05]『血笑第②集』太平洋文庫

描かれた『笑う観音さま』を太平洋文庫から刊行していた（名義は「保谷義三」）。同年代末になると、ジャケットに愛らしい少年少女が描かれた家族もの作品『妹』を東京漫画出版社から刊行していた（「保谷よしぞう」名義）。一九六〇年代には、若木書房が貸本少女マンガ用に作ったレーベル「ひまわりブック」から『不良少女マリ』を刊行し、そのジャケット画は当時の少女マンガの流儀を押さえていた。ところが一九七〇代になると、サン出版（現マガジン・マガジン）から『官能あそび色情人類学』などを刊行し、それのジャケット画は当時隆盛していた「官能劇画」と呼ばれる成人向けのマンガの様式に合致している。中身もいわゆる「エロマンガ」だ。ナンブさんは「この作家は意外と息が長かったことがわかり、おもしろいですね。これが生きのこっていった貸本マンガ家の典型的な流れのひとつだと思います」と語る。

以上に紹介したマンガの本のほとんどは、じつは「非売品」だ。ナンブさんはマンガ好きが高じて、プロの業者に転じたという人。珍しい商品に出会える可能性が格段にあがるから、それを大きな目当てとして業者をやっているというのが真実。そのため、風変わりなマンガを収集することは、店を続ける動機そのものを構成している。僕はナンブさんの自宅兼倉庫を訪れる機会をいただけて、たくさんの珍しい書籍、雑誌、同人誌を見せてもらうことができた。それは、やはり特濃のマンガマニアを自認してきた僕にとって、至福のひとときだったと言える。

ナンブさんの本棚には、アニドウから刊行された『月刊ベティ』一九八二年八月創廃刊号が収まっていた。当時「ニューウェーブと呼ばれたふくやまけいこ、吾妻ひでお、いしかわじゅん、高橋葉介、伊東愛子、吉田秋生、中山星香、ささやななえなどが執筆陣として並び、アニメ界からも宮崎駿、小田部羊一、金田伊功、鈴木伸一らといったビッグネームが参加した豪華な雑誌だ。創刊号で廃刊号という雑誌は珍しくないけれど、表紙に「創廃刊号」と銘打たれているのは、格別だ。

一九七〇年代半ばに神戸で活動していたらしい漫画研究会ゼロ（責任者は「麻穂」）の会報『ゼロ』、会誌『ファーストラブ』、イラスト集『ブラック』もナンブさんの本棚の一隅に潜んでいる。これらはいずれも一九七六年から一九七七年にかけて発行されたもので、当時は学生たちだったオタク第一世代が残した同人誌として資料的価値が高い。僕もこういう少部数出版のたぐいが大好きだ。閉ざされたひそかな共同体を見学させてもらっている気分になる。

『クラッシャージョウ』のファンクラブ会誌『JART』第四号（一九七九年一〇月二〇日）は、「お宝グッズ」と言って良いもの。ナンブさんの説明を聞いてみよう。「作者・高千穂遙へのインタビューや登場キャラクター特集などを掲載しているんですけど、特筆すべき点として、「庵野秀明」という会員の投稿イラストが掲載されているんです。庵野監督は山口県立宇部高校在籍時にも、地学部の会報『月刊UCC』の表紙イラストなどを手掛けていましたから、時代的にもおそらく本人でまちがいないと思います」。

ナンブさんがレクチャーしてくれるマニアックな情報を、時間の許すかぎりいくらでも聞いていたくなる。

マンガ的なるものの圏域は広く

ナンブさんが収集したり、販売したりするものは、ナンブさんの「マンガ第一主義」から眺めてみると、統合的に理解することができる。たとえばどこかの誰かが手彫りで蓋にブラックジャックを刻印したオルゴール木箱のようなものをナンブさんは所有している。さまざまなマンガやアニメの美少女キャラが無断使用されていた一九八〇年代〜一九九〇年代のピンクチラシ（当時の公衆電話ボックスなどに貼られていたもの）も熱心に集めている［2章08］。

この「マンガ第一主義」から、直接的にはマンガに関わらない商品たちにも関心範囲が開けていく。マンガ的なイラストが使われた大衆小説雑誌は典型的な例だが［2章09］、ほかにもたとえば研究社から刊行された『上級英語』一九三五年一〇月号。戦前の一般的な英語雑誌に見えるけれど、挿絵のクレジットを見ると、「黒澤明」とある。黒澤は学生時代に画家を志した上に、一家の跡取りとなった一九三四年からは、雑誌の挿絵を描くアルバイトなどによって家計を支えていた。一九三六年から映画会社に入社し、映画監督へのキャリアを開始するため、その直前の時

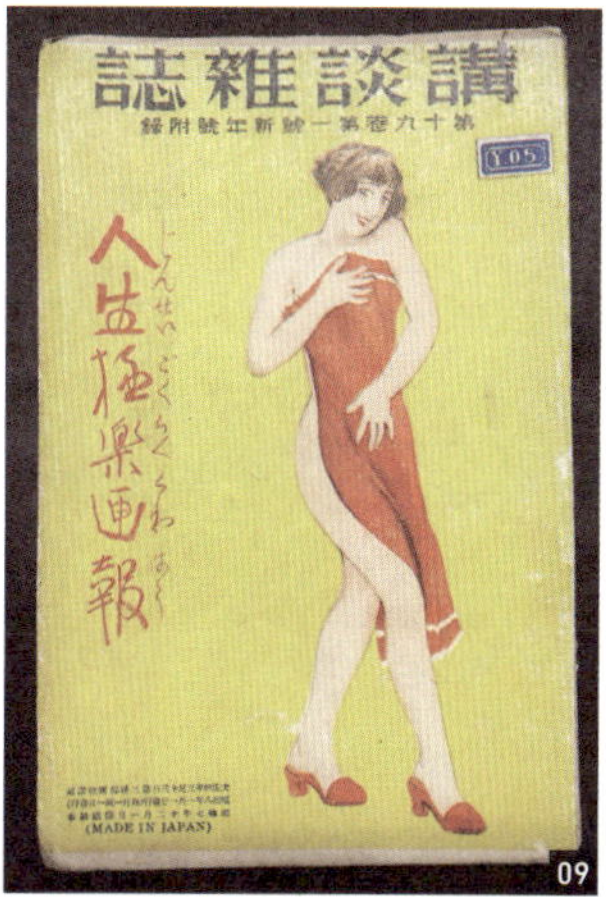

［06］［07］ともに保谷良三作品、『官能あそび 色情人間学』(©株式会社マガジン・マガジン)［08］ピンクチラシ［09］大衆小説雑誌［10］軍事郵便ハガキ［11］『教育繪本教育単語』

期の仕事と考えることができる。ナンブさんは語る。「挿絵では、スキーやスケートといった寒い時期ならではのテーマが散見されます。表紙絵の作家については言及されていませんが、同じテーマで描かれているため、こちらも黒澤明の手によるものかもしれません。世界のKUROSAWAの映画監督以前の歴史を埋めるかもしれない、なんとも夢のある雑誌ということになります」。

ほかにはマンガ風の絵が描かれた一九三〇年代のものらしき軍事郵便の葉書［2章10］。中国語講座的な要素があり、軍人のひとりが「ロートー（駱駝）のリエーン（顔）変てこだね」と話している。問題のラクダはしゃがんだまま、人間とチーターを合成したような顔つきで「立ってもいゝですかね……ヘッヘッ……」と発話している。イラストの端には「親日ラクダ」と書いてあって、全体の味わいが脱力感を誘う奇妙さに満ちている。僕もこういうへなちょこな軍モノ（軍隊関係のレトログッズ）の大ファンだ。

『教育繪本教育単語』の表紙では、ドイツ流のカイゼル髭のような口髭を生やした日本人の男性教師が、黒板に掲示したポスターの絵を棒で指しながら、教え子たちに向きあっている［2章11］。視覚教材を使いながら、語彙力を高める授業なのだろう。「ケウイクタンゴ」というフリガナも、現代の僕たちから見ると雰囲気抜群のもの。中身は多色刷りで美しい。

マンガ的なイラストがなくても、世界観が現在から見てマンガっぽいと判断されて、ナンブさんの関心に引っかかるものも多い。たとえば、丁未出版社から出された桜井忠温《ただよし》が日露戦争の実戦を記録した『肉弾』（一九〇六年）。ナンブさんは語る。「超絶再版してることで有名な本です。これは大正一三年（一九二四年）のもので、この時点で一二〇〇版とまあ凄まじい版数。版数を見てのとおり、珍しい本ではないのですが、謹呈サイン入りは初めて見ました。宛先は太田千代子なる人物ですが詳細は不明、誰なんでしょうね」。

ナンブさんにとって、江崎礼二の「小児壱千七百人集写」（一八九三年）もたいせつな一品だ。浅草の早撮り写真師として知られた江崎が一七〇〇人の赤ん坊たちを合成した、日本でも最古級のコラージュアート写真として知られる。卵の卵白を用いた「鶏卵紙」に現像されていて、独特の光沢感が甘やかだ。ナンブさんは「写真を撮るのに長時間の静止が必要だった時代です。動きまわる赤ん坊の撮影を撮れるのは早撮り写真師の江崎だけ、と言う意味あいとして作られたのでしょうか」と推測している。

女性の人体の内部を描いた図［2章12］、一九三〇年代の少女雑誌から切りぬかれた挿絵を貼ったスクラップブック、対象モダニズムな絵柄の紙片［2章13］、断食の過程を記録した中年男性の写真［2章14］、青い阿寒湖に沈むまるまるとしたマリモを描いた絵葉書［2章15］、寛永通宝と文久永宝があしらわれてる古い印判の小皿（明治頃のもの？）［2章16］なども、ナンブさんにとっては「マンガ的なるもの」として商品になる。

最近（二〇二三年）ナンブさんが入手したもので感動したのは、大正初期に狂気に陥った人が残した四〇冊前後のノートだ［2章17］。解読できない文字や図形が毛筆で書きなぐられていて、その独特の美しさにナンブさんは恍惚となってしまう。ナンブさんに実物を見せてもらって、僕も恍惚となってしまった。

自宅にて

ナンブさんの存在を知ったのは、僕の「第四次レトロブーム」が終わって、しばらく経った頃だった。ツイッターやインスタグラムで、ナンブさんが個性的な商品について投稿しているのを眺めているうちに、以前の情熱が完全に戻ってくるほどではなかったものの、気になって仕方がなくなった。ナンブさんは大阪の四天王寺骨董市や京都の平安蚤の市に露店を出していたから、そこにちょっと出かけていくのは大阪出身・京都在住の僕には造作もないことだ。それで実際、ナンブさんの商品を物色するようになった。しかし、コミュ障の僕はひっそりと楽しみ、欲しければほとんど無言で買うだけだったので、ナンブさんと会話を楽しんだことはまったくなかった。

今回の本を作ることになってから、インタビューのひとりは、どうしてもナンブさんでなくてはならないという思いが高まった。レトロ商はいくらでもいるけれど、ナンブさんの趣味ほど、僕の趣味の核心的部分が交差する人は、ほかにほとんどいない。本書の企画を伝えると、ナンブ

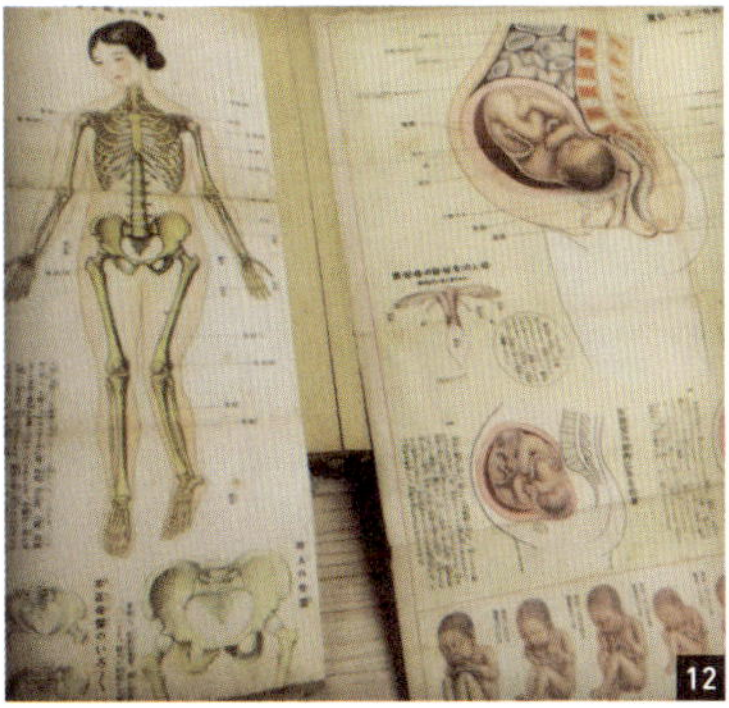

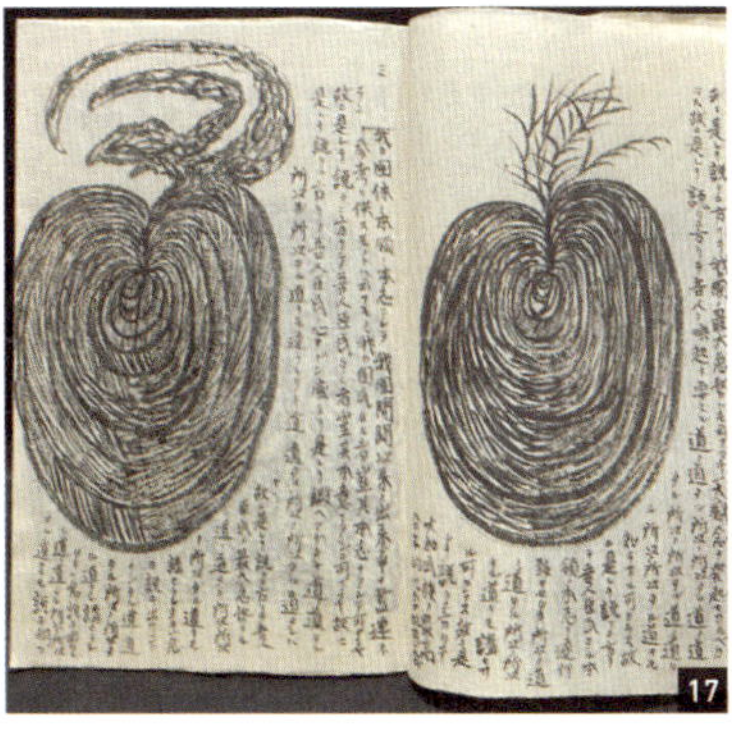

[12]女性の人体の内部を描いた図[13]少女雑誌のスクラップブック
[14]断食の過程を記録した中年男性の写真[15]マリモの絵ハガキ
[16]古い印判の小皿[17]個人のノート

さんは気さくにオンライン・インタビューに応じてくれた。

インタビューを実施すると、僕は是非ともナンブさんの自宅と倉庫を見せてもらいたくなった。お願いしたところ、あっさり許可してもらえた。ナンブさんは、戦国時代に織田信長が躍進するきっかけになったことで知られる「桶狭間の戦い」の古戦場跡付近に住んでいる。もっとも、戦後時代への思い入れがとくに深いというわけではなさそうだ。ナンブさんの車で送迎してもらいつつ、あたりには殺風景な景観が広がっていることが印象的に感じられた。

ナンブさんの自宅は上下二階を借りるタイプのアパートで、以前から住んでいた部屋の隣があいたために、そちらもあわせて借りていた。居住スペースと倉庫スペースの違いは判然としていなくて、一階部分にどちらの部屋にも大量の段ボール箱が置いてあった。しかし居住スペースらしい部分もある。

サイン本の収集家から買いとったという段ボール箱だけで、六〇個ほどあると教えてもらった。それらの本を見てみると、ぱっと目に入っただけでもカズオイシグロ、森見登美彦、冲方丁《うぶかたとう》、大槻ケンヂなど錚々たるラインナップだ。これらのうち、ナンブさんの露店や南部堂のカラーになじむものだけを選んで、古書市や骨董市やＹａｈｏｏ！オークションで売ることにして、残りは業者市（古物商が商品をやりとりする市場）のセリにかけるつもりだと語る。

二階にあがらせてもらうと、二部屋にまたがってナンブさんのコレクションルームが広がる。

赤本マンガ（戦後すぐに人気を博した駄菓子屋などを流通ルートとしたマンガ）、貸本マンガ、ひばりコミックス（怪奇マンガの伝説的レーベル）、『週刊少年ジャンプ』掲載短命マンガなどが揃っている。ナンブさんはインスタグラムで、これらのマンガが収まった本棚からコレクションを取りだして見せる動画をよく投稿していて、僕はそのたびに心をくすぐられて、たまらなかった［2章18］。愛書家《ビブリオマニア》という種族にとって、よそのうちの本棚は気になって仕方ないものなのだ。ナンブさんのような極北レベルのマンガマニアの本棚ならば、なおさらのことだ。

僕はとくに自販機本（一九七〇年代から一九八〇年代まで販売されていた自動販売機を流通ルートとした成人向け雑誌）を含めた大量の雑誌コレクションに圧倒された［2章19］。マンガの単行本ならば、僕も同じくらい濃い趣味で探求してきた自負があるけれど、雑誌となると、往年のサブカルチャー雑誌、芸能雑誌、ポルノ雑誌などを少し所有してきた程度だ。自販機本となると、洗練をきわめたことで伝説になっている『JAM』とその後継誌『HEAVEN』を数冊ほど所有しているくらいで、この領域の沼にはほとんど足を踏みいれないままでいる。できればナンブさんの雑誌コレクションをじっくりと調べたかったけれども、あまりに大量なので、数冊をパラパラと見せてもらうだけにした。

趣味の原点は石

ナンブさんは一九九四年生まれ、現在（二〇二三年）は二九歳だ。身長は一七二センチメートル、体重は約一一〇キロ。僕自身も肥満気味の人間だけれど、それでもナンブさんが近くにいると、一五歳年下なのに、やおら存在感に圧倒されそうになる。

ナンブさんは愛知県の三河地方で生まれ育った。父親は精肉工場に勤務し、母親は市役所勤め。三歳下に妹がいる。ちなみに「ナンブ寛永」の「寛永」はペンネームないし活動名だが、「ナンブ」は本名の「南部」をそのまま使っている。

子どもの頃から学校の決まりきった勉強が好きではなく、石を拾って集め、しげしげと鑑賞するのを愛好した。一〇歳になるかならないかの頃には、切手や古銭にも興味が広がって、収集するようになった。近所のレトロ店には、手塚治虫の『ブッダ』や石ノ森章太郎の『サイボーグ009』などが置いてあった。ひばり書房が貸本時代の末期に出したB6版のマンガ単行本なども置いてあり、描かれている劇画のアクションの画風が心に残った。ただし、すぐにそういうディープな方向のマンガ沼にどっぷりハマったわけではなくて、この頃から同世代に人気を誇っていた『NARUTO―ナルト―』、『ONE PIECE』、『ドラゴンボール』といったメジャーどころの

[18] ナンブさんのコレクションルーム
[19] 大量の雑誌コレクション
[20] 青緑色の美しい土岐石
[21] 大陸からの漂着物

マンガも読みはじめ、掲載誌の『週刊少年ジャンプ』にはこよなく愛着を覚えた。

収集癖は物心ついた頃から備わっていたから、その由来はわからない。石の図鑑を熱心に読み、岩石園（ロックガーデン）に集められた石の標本に興奮した。それでも全面的に趣味が固まっていたわけではないから、同年代の子どもと同じく『機関車トーマス』を楽しんだりする「普通っぽさ」も併せもっていた。

石への偏愛は、現在でも続いていて、最近では同好の士たちと狩猟で捕獲された野生の鹿を石器のナイフで解体し、火を通して味わうというイベントを開催した。まるまる一頭解体するのは、スリルがあった。また業者市で青緑色の美しい土岐石（土岐川で採石されるジャスパーという鉱物）を購入していたので、割ってみたくて、うずうずしている［2章20］。ナンブさんは語る。「水石（自然石を盆や台座に置いて鑑賞する趣味）に向いた人気の石を自然界で拾えることは、なかなか難しいことです。じぶんで採取するのも好きですが、希少なものや遠い土地のものは買ってしまうこともあります」。

海岸に行って漂着物を集める活動、いわゆるビーチコーミングにも心得がある。渥美半島の外海（太平洋）側に行くことが多いが、この前は福井県に出かけて、日本海側の海岸で楽しんだ。地理的関係から大陸からの漂着物、とくに韓国のものが多かったとのこと［2章21］。同じような関心から、川州にも足を運ぶ。財布、おもちゃの光線銃、猟銃の薬莢、自動車のナンバープレート、江戸時代のものらしい茶碗、二〇世紀末に発売された携帯電話などが見つかる。ナンブさんは怪談風に語る。「こういう川遊びで発見する頻度の高いものは、子どもの靴です。一度の探索で何足も見つかりますよ。背景は不明ですが、とにかく多い。なぜなんでしょうかね」。

怪奇マンガのほうへ

ナンブさんは地元の中学に進学し、弓道部に入った。現代の子どもが弓道部とは珍しい。ナンブさんは「楽そうだと思って」と笑うが、やはりレトロ趣味が関係していたのだと思われる。成績は5段階評価で「オール3」という感じだったと語る。とくに数学に興味が湧かなかった。歴史を学べる社会科はそれなりに好んでいたものの、興味のない範囲はすべて「スルー」していたため、評価が目立って高いわけではなかった。それでも、教科書に載っている有名な古銭を買えたときにうれしいと感じた。

中学時代の趣味は引きつづき石が第一で、続いて切手、古銭、『ジャンプ』のマンガなどというのは変わらなかった。年齢があがったことで、遠くにも石を集めに連れてもらえるようになって、太平洋に面した海岸で石を拾ったり、化石の出る山でサメの歯を採掘したりして楽しんだ。

公立高校に入ったあとも、弓道部を継続した。小遣いは五〇〇〇円だったため、古本屋の一〇〇円均一マンガなどが狙い目だった。次第に古い奇妙なマンガへの興味がふくらんでいって、趣味の中心へと迫《せ》りだしてきた。インターネットで情報を調べて、街中の古書店を数軒ほど回って、「良さげなのを抜く」活動に打ちこんだ。最初は手塚治虫の『ブラックジャック』や石ノ森章太郎の『サイボーグ009』などの超有名どころだったけれど、すぐにマニアックになってしまい、古書マンガ収集家の多くが惹かれ、コンプリート（欠かさず収集すること）を夢見てきた朝日ソノラマのサンコミックスの一覧を眺めては、買えないことを悔しがった。サンコミックス以外では、双葉社のパワァコミックスから刊行された藤子不二雄の『チンタラ神ちゃん』を買えずに、ショーケースの前で苦悩したことを鮮烈に覚えているそうだ。

ナンブさんの文化的な貢献と言えるものに、『週刊少年ジャンプ』の打ち切り短命マンガに関するものがある。現在それらは、マンガ雑誌の帝王のような雑誌に掲載されていながら、珍妙な味わいのものが多いということでマンガマニアを喜ばせて、また当時は不人気だったわけだから単行本の発行部数が少なく、結果として現在では希少価値ゆえに高値がつくようになってきている。僕もそういう「へんなマンガ」を昔から好んできたが、一般的には「失敗作」ということで、長らく叩き売りの対象だった。ナンブさんは、五巻以内で打ち切りになった『ジャンプ』掲載作品を漏らさずリストアップして、匿名掲示板サイト「2ちゃんねる」に投稿した。そのようなリストを発表したのは、じつはナンブさんが初めてだったと語る。つまりこのたぐいのマンガを収集するというマンガマニアたちの流行に影響を及ぼしたのだ。

ナンブさんはやはりインターネットの情報を見るうちに、貸本マンガ時代の単行本や、コミックスという形態が一般化しはじめた黎明期の怪奇マンガ――ひばり書房のひばりコミックスや立風書房のレモンコミックス――に惹かれるようになった。変死や発狂や奇形などが頻繁にテーマになるため、現在では復刊が難しい作品群。ナンブさんは「マンガって、ここまで自由で良かったんだ」と感動し、一般的なマンガ表現が窮屈に見えるようになった。初めの頃に買った作品で覚えているのは、尾崎みつおの『妖女マリーネ』。次第に好美のぼるの怪奇マンガが、ナンブさんのこの方面の趣味の中心に位置するようになった。怪奇マンガマニアが血道をあげて集めているひばりコミックスでもっとも好むのは二〇二二年に復刊された川島のりかずの『フランケンシュタインの男』だという。ひばりコミックスで最高級の奇書と見なされることが多い高園寺司『吸血女バイオレット』も所有済みだ。

ネットオークションで稼ぎ、石器を研究する大学生

大学は推薦入試を使って愛知県の私立大学に入った。学科は歴史学科で、学芸員の資格を取得して、博物館の学芸員になるという心づもりだった。授業料に関しては親を頼れず、奨学金を借

りてまかなったものの、実家から通うことができたので、ひとり暮らしにかかる費用を浮かせられたのは助かった。

当初はコンビニでアルバイトをしていたものの、そのうちに骨董市で見つけた紙モノをＹａｈｏｏ！オークションに出品するようになっていった。露店で安く入手したものが、顔もわからない客たちを買い手として、高値をつけても意外なほど売れていく。味をしめて、このほうがもうかると計算し、コンビニのバイトをやめた。

客はしばしば金回りの良い中国人で、戦前の中国関係の資料、台湾の鳥瞰図、満鉄（南満州鉄道）のマッチラベルやパンフレットなどは人気商品だった。商品の情報を調べて、どういうシロモノなのか見当をつける上では、大学の勉強で得た知識も役立った。大学生として片手間に働きながらも、毎月の利益は大卒の一般企業での初任給に匹敵するほどになってしまった。

利益はどんどんレトロな貸本マンガなどに注《っ》ぎこんだ。高校時代までは手が出なかった二、三万円の貸本も買えるようになった。さらに骨董市に行けば、古書店よりも安い相場でマンガを購入できる場合が多いと気がつき、ますますその世界にのめりこんでいく。名古屋でやっている大須観音の骨董市には、とくによく顔を出した。露悪的な作風のマンガで知られるジョージ秋山が好きになり、『ばらの坂道』や『灰になる少年』を楽しく読んだ。無数のカルトマンガを世に送りだした『ガロ』も好みだった。

大学では二年生からゼミに分かれた。ナンブさんは考古学のゼミを選び、とりわけ歴史考古学でなく、文字がない時代を対象とする先史考古学を専攻することにした。歴史考古学で扱う焼き物には興味が湧かず、逆に石に対する興味は依然として持続していたので、石器の研究をしたかった。「だから専門は趣味の延長なんですよ」とナンブさんはほほえむ。

石器に使用されていた石を海岸などに探しに行き、併せてビーチコーミングを楽しむ。石器に使える石が海岸でどれだけ拾えるか、という旧石器考古学を専門とする指導教官の論文に協力して調査旅行に行き、ナイフ形石器の変遷の考察もやった。卒業論文のテーマは、「旧石器時代の石材」。瀬戸大橋がかかっている四国側付近の島に、旧石器時代の遺跡がある。現地には行けなかったけれども、讃岐岩（サヌカイト）を文献で調査した。ナンブさんは「黒曜石に似た石です。とても固くて、割ると鋭い破片ができるから、石器に向いているんですよ」と話す。

レトロ商としての出発

学部を卒業すると、大学院の博士前期課程に進学した。その際、両親と話しあいの機会を持った。「修士号を取って終わりにする」「博士後期課程には進学せず、博物館の学芸員になる」と約束した。

今度は地元の石について研究してみたい思いが強かった。しかも「石器」ではない対象について考えた。考古学の調査で穴を掘って遺構が出てくると、焼けた石がまとまって出土する、民俗事例を参照すると、おそらく焼いた石で囲んで食べ物の蒸し焼きにしていたのだろうと推測できる。同じ種類の石を焼いてみて、出土した石と同じような焼け具合になるのかを調べた。石を畑で焼いて、観察して、写真を撮る。結果についてナンブさんは残念そうに語る。「正直、ぜんぜんわかりませんでしたね。蒸し焼きに使っていたのかどうか判別できない。ですから修士論文は冴えない結論で終わりました」。

指導教官からは博士後期課程に進学するように誘われ、悩みはしたが、親から「さすがにやめてくれ」「いいかげんもう働いてくれ」と懇願されて、断念した。しかしナンブさんは就活をいっさいやらなかった。骨董市めぐりを続けているうちに、なじみの業者に倉庫を見せてもらったり、古物商の免許がないまま、業者市を見学させてもらったりしていたのだ。レトロ商たちを観察していると、じぶんにもできそうだと感じた。なによりプロになれば、じぶんが求めるレトログッズをシロウトよりもはるかにかんたんに入手できるようになる。

ナンブさんは古物商の免許を取得し、二〇一八年四月に二四歳で開業した。学芸員という「まっとうな」仕事に就いてくれると期待しつづけてきた親は「裏切られた」と激怒し、「家を出ていけ！」と通告してきた。

せめて五月までは待ってもらって、それからナンブさんは初めてのひとり暮らしに入った。とある知りあいの古本屋は、「おれが世話をしてやるから、ついて来い」と親分肌を見せてくれた。信用してその古本屋の近くに引っ越して、三ヶ月その人のためにずっと働いたものの、給料は一円もくれない始末。ナンブさんは何も言わずに、職場を後にした。「古物の業者は、なかなか難しい人が多いです。古本の関係者だと、ちゃんとした人が多いと感じますけどね」とナンブさんはため息をつく。

どうやって利益を出しているか

ナンブさんのビジネスモデルについて書いておこう。基本的には名古屋、京都、大阪、東京の骨董市や蚤の市に自家用車で出かけて、露店を出している。名古屋中心までは約四〇分、京都まででは約二時間、大阪までは約三時間、東京までは約四時間半かかるとのこと。

解体業者から連絡を受けて、初出しをやることもあるけれど、けっして頻繁にではない。廃墟や鉄橋などを鑑賞するのも楽しいと感じるので、解体寸前の家には風情を感じるそうだ［2章22］。

開業から5年以上が経つ現在（二〇二三年）まで、売りあげの中心として機能してきたのは、学生時代から続けてきたＹａｈｏｏ！オークションへの出品だ。露店に持っていっておもしろがられるものはそちらに出すけれども、レトロな書籍や雑誌、紙もののうち王道的な商品、つまり一般の古書店やレトロ商でも扱っていそうなものは、さっさとＹａｈｏｏ！オークションに出して、手堅く稼ぐ。

ナンブさんによると、「仏教書は儲かる」そうだ。「仏教系の大学の司書なんかが、さっと購入してくれるんです。この方面に僕自身の興味はまったくないんですけど、相場はだいたい決まってるから、値段もつけやすい。千円で即落札ＯＫ、というような設定にすることもありますし、相場がわからないもの、競争になって良い値になりそうなら、オークション形式にしています」。

仕入れは書籍、雑誌、紙モノがよく出品される業者市を利用することが多い。会場では段ボールに入った出品物が山のように積まれていて、セリの開始時間までは、ほとんど中身を確認できないのが通例だ。開始と同時に開封されて、内容物が業者たちにさらされる。それからすぐに値段のつけあいが始まる。中身がほとんどわからないままに、勘を頼りに値段を言わなくてはならない。「開始価格は、会主かセリの担当者がフィーリングで決める場合も、売り手のホック（開始の希望額）がある場合もあります。入札はだいたい五百円か千円単位ですね。値段があがっていったら、単位は入札されている価格の一〇分の一とかになります。さらに高値になれば万単位にもなりますけど、そこまでいくと、僕には太刀打ちできません」。

名古屋、京都、大阪では一〇歳ほど年上の男性Ａさんと共同で露店を出している。一〇年くら

[22] 初出しに向かう先で出会う景色

い前、大学生のときに大須観音の骨董市で知りあった人で「紙モノに関する師匠筋と言えます。ほんとうに詳しい。過去の経歴は謎が多いんですけど」と語る。相手のほうが長くレトロ商をやってきたので、Aさんの昔ながらの顧客がナンブさんの商品を買ってくれて、ありがたい。「ぼくは始めてまだ数年ですから、お客さんが豊富というわけでないんです。それにAさんにはいろんなツテがあるから、珍しいものを売ってくれる業者とつながることもできます」。

ナンブさんは二〇二三年三月から古書組合への加入が認められた。その組合の場合、条件は古物商の免許を所有していることのほか、入会金を五〇万円納めること（三〇万円は供託金で、退会時に返金される）、そして上層部の審査に合格することだった。レトロ商は業態が不審に見られて、古書組合への加入を認可してもらえない人もいるようだけれど、ナンブさんは品行方正に商売をしてきたので、ぶじに審査を通過した。

現在は二階建てを二軒借りているので、ナンブさんは片方を古書店にできないかと検討している。「まだどうなるかわかりませんが、とりあえず廃業した書店から本棚を譲ってもらうところから、でしょうか」とナンブさんは笑っている。

思い出の商品（1）

ナンブさんの心に残っている商品（非売品含む）を尋ねてみた。

ひとつ目は、最近のことだが、手描きの紙芝居があった。描かれたキャラクターの姿勢や構図、動きの表現や顔つきなどが、愛好する好美のぼるの画風によく似ていて、買わずにいられなかったのだ。僕も怪奇マンガ愛好家なので、気持ちはよくわかる。

戦前に大日本雄弁会講談社（現在の講談社）から販売されていた滋養飲料「どりこの」箱入り未開封品も記憶が鮮明だ。戦前の新聞には一面広告が載り、講談社の雑誌にはいたるところに広告されていた飲み物。古い酒屋から出たものをふたつ譲ってもらい、ナンブさんは片方を試飲した。「水に溶かすと非常に美しい黄金色になり、味は黒蜜に近い甘美なものでした。ぜひ復刻販売してもらいたい逸品です」。

某宗教教団が宗教法人になる前に発行していた会員証も所有している。裏側には、教祖が半裸姿で宗教的秘技を披露している写真が載っている。岐阜の業者市で、元幹部メンバーの荷物が出たので、気合を入れて入札したそうだ。同教団が制作したアニメのVHSビデオテープも所有している。

「ヴァージニア」というスクラップブックには、衝撃を受けたと話す。一冊を使って、架空の女性ヴァージニアが、赤ん坊から少女になり、乙女となって花嫁になり、結婚生活を送り、子どもに恵まれ、老いていく様子が活写されていく。ヴァージニアの写真は、さまざまな雑誌から切りぬかれた白人女性（それぞれ別人）の集合体だ。貼られたそれぞれの写真の下に、肉筆の英語で簡単なキャプションがついているが、どこの誰が制作したものなのか判然としない。

雑誌などから切りぬかれた頭部のないヌード写真群を入手したこともある［2章23］。女性の裸体を写した白黒写真が大量にまとめられていて、すべてに首から上の部分がない。まるで猟奇殺人犯の犯行記録のようだ。体のラインに沿ってきれいに切りぬかれたものに至っては、頭部だけでなく、腕や足も頻繁に欠けていて、上半身全体を欠くものもある。「女体だと最低限わかる部位しかありません。極限まで削ぎおとされている。まるで粥見井尻遺跡で出土した最古級の土偶みたいです。四肢と頭のない古代ギリシアのトルソーみたいとも言えます」。僕はまるで現代美術のような独特な美しさだと感心する。

歳月を感じる木箱に収められていた紙製の手描きの少女人形たちも、かなりの「お宝グッズ」だ［2章24、25］。縦一一～一八・五センチメートルの大きさで、子どものおもちゃとしては手ごろなサイズだが、作ったのはそれなりの年齢の男性だろうと推測される。少女たちは紙や布やセロファンで制作されたかわいらしい服を身につけていて、着せかえ遊びをすることができる。少女たちの顔つきは気だるげで、独特のエロティシズムをたたえている。「文字情報などの直接的な記載はありません。戦前とまではいかないものの、雰囲気やセロファンの劣化から、少なくとも半世紀は経過しているのではないかと思います。なんとなくヘンリー・ダーガーを思いだしますね」。ヘンリー・ダーガーとは、ペニスを持った幼女たちが戦争に参加し、血まみれになる絵

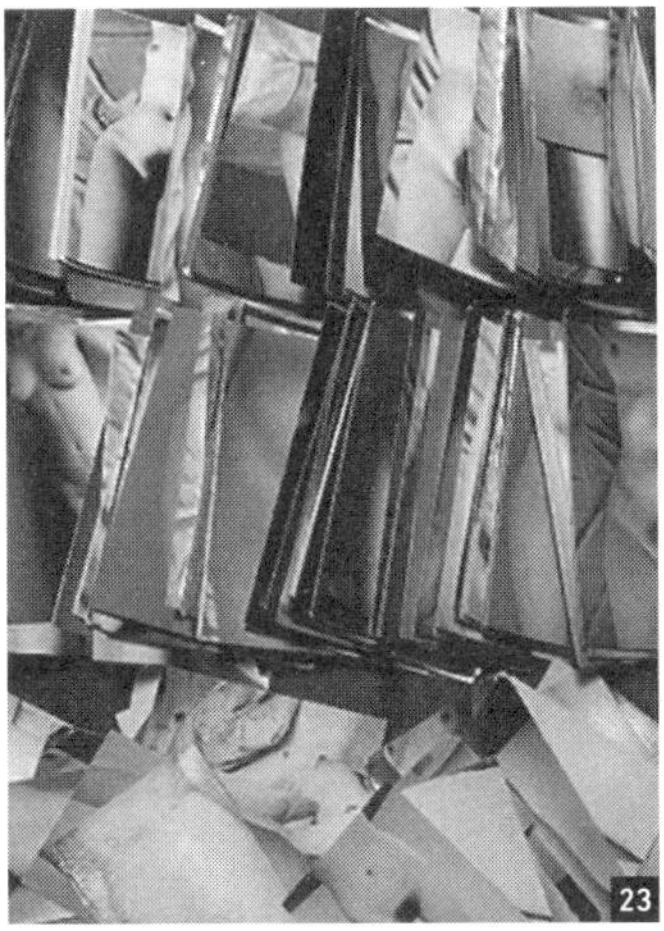

23

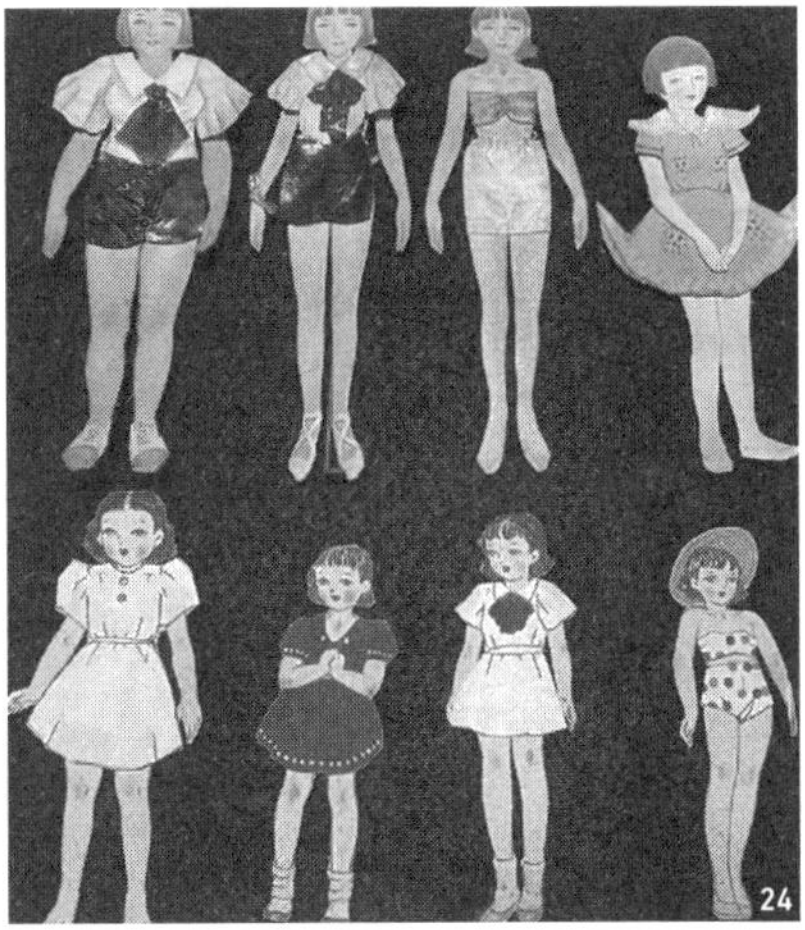

24

25

[23]雑誌などから切りぬかれたヌード写真群
[24][25]ともに紙製の手描きの少女人形

を描いたアメリカのしろうと画家で、彼の「童貞的黙示録」とでも表現できそうな作品群は、アウトサイダー・アート（精神疾患者の芸術作品）の代表と見なされている。

思い出の商品（2）

ナンブさんに思い出の品物を挙げてもらうとキリがないが、もうすこし耳を傾けよう。

たとえば大日本製薬（現在の住友ファーマ）が発売していたヒロポンや武田薬品工業の前身、武田長兵衛商店が発売していたゼドリンの空き箱や空き瓶のたぐい。これらの薬品はメタンフェタミンを主成分としている。つまり合法だった時代の覚醒剤だ。これらを愛用していた作家の坂口安吾は、「安吾巷談」で「ヒロポンの錠剤は半日持続しないが、ゼドリンは一日ちかく持続する。副作用もヒロポンほどでなく、錠剤を用いるなら、ゼドリンの方がはるかによい」（坂口 1998: 352）と記している。戦前に日本の専売公社が売っていた阿片の瓶もナンブさんは所有している。

僕が「これを所有しているとは」と驚いたのは、京都帝国大学医学部婦産科教室に所属していた医師・山田一夫が大正時代に近畿婦人科学会から刊行した奇形児のなまなましい写真集。ナンブさんは初版の『畸形兒圖譜』（一九一八年）も改訂版の『畸形兒寫眞圖譜』（一九二一年）も高値だが手にいれることができた。前者はじつは国立国会図書館がインターネット公開をしているが、肝心の写真が複数枚脱落しているので、僕は完品をナンブさんの自宅で初めて見ることができた。

残虐な人体実験をやっていたことで悪名高い大日本帝国陸軍731部隊の写真を売買したこともある。実験の様子を写したものではなく、部隊の人々が写っていて、裏側には部隊員の名前が書かれている。東京の古本屋に二〇〇枚八〇万円で載っていた商品だが、一部をダブって所有していた古本業者から買いとることができたという。ナンブさんは「この部隊に関する写真は機密なので、元部隊員が死んだら、ほかの部隊員が回収していたと聞かされました。ほんとうかうそか。きっと都市伝説なんでしょうけれど」と話す。

「〇〇〔著者注――詳細は伏せさせていただきます〕狙撃事件解決記念の盾」とブロック体で印字された木製のアイテムを見せてもらった。某団体のリーダーを銃撃した犯人が、凄惨なリンチが加えられたと推測される外傷を残した腐乱死体で見つかった直後、制作されたものだそうだ。ブロック体の刻印の下には、金色の板が貼られていて「仁義なき／戦いの果てに／醜き屍を／〇〇山中に／さらせし／若者の末路に／老人の眼や／厳し」と詩のようなものが毛筆体で刻印され、その下には白と黄色の指名手配書の縮小コピーが貼られ、さらにその下にはブロック体で「〇〇における〇〇等に対するけん銃使用殺人未遂事件捜査本部」と印字されている。ナンブさんは微笑みながら解説してくれる。「つまり警察側が作ったしろものです。しかし〇〇を殺害した犯人のほうは捕まっていません。解決というには、いささか疑問が残りますね」。

一メートルくらいのソノブイ（音声探知機を備えた小型のブイ）を売買したこともある。航空機から海中に投下し、ソナーを反響させることで潜水艦を索敵するしろものだ。オレンジ色で、ロケットランチャーを連想させるところに「男のロマン」とでも言うべきものがある。「パッと見、爆発しそうな錯覚があって、スリルのある商品です」。

思い出の商品（3）

「お宝」とは異なる意味で思い出に残っている商品もある。たとえば、悔しい思い出が伴っている品々だ。

解体前の家屋に呼ばれたときのこと。行き先の家はいわゆる「ゴミ屋敷」と呼ばれるたぐいで、膝の高さぐらいまでもので溢れているらしい。二〇〇〇年代以降のレディコミ（成人女性を対象としたマンガ）の雑誌が山ほど転がっているので、買ってほしいと依頼された。ナンブさんは、もしかしたら『ホラーM』や『恐怖の快楽』などの、ホラーマンガ系の雑誌が混ざっていないだろうかと胸をふくらませた。その系統の雑誌は、近頃になって古書価が高騰している。「もしあったら宝の山じゃん！」とワクワクしながら、現場に駆けつけた。

ところが到着すると、ガラス戸は外され、かなりの量のゴミが整理されたあとだった。ほかの業者にも依頼が入っていたようで、大量にあるという話だった雑誌もほとんど残されていない。「めちゃくちゃワクワクしていただけに、落胆しました。わずかに残っていたレディコミから、めぼしいものを買いとりました」。

商品としてマニアックすぎて、売れのこったままになっているものもある。たとえば、ドラえもんのソフビ人形の鋳型だ。ドラえもんのマニアでも、そこまで珍奇なものには、なかなか手を出してくれない。朝鮮半島から流れついたと見られる軍事訓練用の射撃練習の的《まと》も売れのこった。人型をしていて、撃たれた穴も空いていておもしろいのだが、売れないままになっている。たしかに僕自身も、このふたつが欲しいかと言われれば、「タダならいただいておこうかな」というくらいだ。

二〇二三年の年始になって、ロシアのプーチン大統領から年賀状が届いた人が複数いるとXで話題になった。ほとんどは日本語で、一部のみロシア語で書かれているため、どこかの日本人のいたずらと考えられるが、ナンブさんは入手したいと考えて、メルカリでうまく購入できた。ところがそれはプリンタで複写したまがいものだったという。販売してくれた人の詐欺行為なのか、その人自身が誰かの詐欺にあったのかはわからない。

購入した客が独特で、その印象に紐づいて記憶に残っている商品も数多い。某社の社長は軍モノの収集家で、顔色ひとつ変えずに買っていくから、売りこみをやっても、関心があるのかないのか、よくわからない。「露店のお客さんって、表情豊かな人が多いから、記憶に残りやすかったんです。ほかの軍モノと一緒に、731部隊の写真もさっと買っていかれましたね」。

朝鮮学校から出た卒業アルバムのこともよく覚えている。怪しいものをまとめて売るイベントをやっていると、たまたま朝鮮学校出身の客が来てくれて、学校やアルバム作りの仕方について教えてくれた。「ものを通じて、意外な人とつながるのもこの仕事のおもしろさです」とナンブさん。

解剖実習で使う死体の写真がまとめて手に入ったことがあった。そのような死体と医大生が一緒に写っている写真は、戦前の医大の卒業アルバムでは定番だったのだ。「これは若い女の人がうれしそうに反応して、買っていきました。その人の趣味がホラーやオカルトというわけではありません。医大の学生をやってるそうです。それにしてもうれしそうでしたね」。

埋もれたマンガの復刊について

二〇二二年一二月、エロマンガ研究者の稀見理都《きみりと》が主宰するサークル「フラクタル次元」から同人誌として『さわやぎゆきしげ初期短編集』が刊行された。さわやぎは、七〇年代の自販機本に同時代の少女マンガなどの様式を使ったパロディ的な官能劇画を数作ほど残した正体不明のマンガ家だ。この忘れられていた謎の作家を自販機本から発掘し、Xで最初に紹介したのがナンブさんだった。それらの投稿に稀見が反応したために、ナンブさんは掲載号を貸しだして、稀見は著作権者の所在が不明な場合に申したてる裁定制度を使って、復刊が実現した。

ナンブさんに「ほかに復刊したいマンガはありますか」と尋ねると、さしあたって三作の名を挙げてくれた。ひとつは、一九三三年に榎本書店から刊行された作者不明の単行本『珍州櫻之助お化け退治』。メインキャラクターとしてミッキーマウスが無断使用された作品。初期の手塚治虫がディズニー社に無断でマンガ化した『バンビ』と『ピノキオ』が二〇〇五年に復刊された事例があるものの、本作の復刊はかなり難しそうに見える。

一九七二年に発表された林ひさおの短編マンガ「憧憬」。主人公の少年が親友に羽交い締めにされて、「せんずり」のやり方を教えてもらう場面が当時流行の熱血マンガの画風で描かれている。オナニー（実質的には手コキ）の場面では機関車が「シュッシュッポッポッ」と驀進する情景とふたりの少年がマジメな顔で行為に耽っているカットが挿入される。バーチャルネットアイドルの「ちゆ12歳」が二〇〇一年にウェブサイトで紹介してから有名になった作品のひとつ。本作は復刊不可能とも思わないけれど、短い作品なので、ほかに抱きあわせで復刊する価値のあるものを見つける必要はありそうだ。

最後は、『月刊少年マガジン』一九八八年九月号に掲載された『天才バカボン』。作者の赤塚不二夫は、ひどいマンガを描いたということで、編集者から「指を詰めろ」と迫られ、赤塚の指が実際にまとめて切断されて終わる。これまで単行本に収録されたことが一度もないが、本作も性質上、出版は難しそうな気がする。

アマビエとミャクミャクをめぐる騒動

ナンブさんの遊び心が、ちょっとした騒動に巻きこまれたこともあった。

新型コロナウイルス（Covid-19）が世界的な大流行をもたらすようになったのは二〇二〇年一月あたり。その直後、アマビエという妖怪がにわかに脚光を浴びた。一八四六年五月（江戸時代が終わりに近づいていた弘化三年四月）、肥後国（現在は熊本県）の海上に輝きながら現れ、「今年から六年間は豊作になるが、疫病がはやるため、じぶんを写し、人々に見せよ」と宣託をくだしたという。当時すぐに作られた木版画では、人間のような顔、鳥のようなくちばし、鱗に覆われたような胴体、三本のヒレを持った姿で描かれている。木版版画は京都大学附属図書館に収蔵されており、インターネットをつうじて一般公開されている。

二〇二一年五月、某新聞はこのアマビエの姿を写した紙札が「疫病退散尼比恵」と書かれた封筒に収められ、某宗教施設から発見され、複製した札を信者たちに配布したと報道した（大川2021）。しかしこれは、アマビエが知られはじめた頃にナンブさんがパソコンとプリンタで京都

［26］自作のアマビエ［27］作成した護符

大学所蔵の木版画をもとに自作したものだった［2章26］。その自作の紙札をXで公開したところ、関心を集め、譲って欲しいと求めてきた業者に一部分けあたえたことを覚えている。その業者がおそらく某宗教施設に販売したと推測される。なにより某宗教施設の公開した札が、京都大学の木版画をトレスしたものだということは、図版を重ねあわせてみれば、すぐわかる。この一連の経緯を検証したネット記事なども公開されている。

二〇二五年に予定されている日本国際博覧会（大阪・関西万博）の公式キャラクター「ミャクミャク」をめぐる騒動もあった。二〇二〇年八月にキャラクター風のロゴマーク「いのちの輝き」が決定され、そのグロテスクな印象もあるデザインが多くのSNSユーザーたちをざわつかせた。二〇二二年七月になって「ミャクミャク」という名称が決定されたのだが、それに先立ってナンブさんがこのキャラクターに「長命」「命輝寺」という文字を添えて掘った木版画の護符を作成してツイッターに投稿したところ［2章27］、妖怪などをおもしろがっている界隈（クラスター）から好評を博し、ほかのツイッター・ユーザーが『命輝寺縁起』と題する絵巻物風の画像を作成して投稿するなど、反響が起きた。すると、ネットリテラシーの低いネトウヨ・陰謀論界隈のユーザーが、大阪・関西万博のキャラクターは「命輝寺」の伝統的な図画を剽窃したものだから反対だなどといった言論を紡ぐようになった。ナンブさんはうんざりした声で語る。「あの手の人たちは信じたいものを信じぬく能力に長けていますから、僕の護符ですらなんの疑問もなく証拠に見えてしまうのでしょうね」。

此岸の障壁を超えて彼岸の透明へ

ナンブさんが扱う商品はマンガと紙モノが中心とはいえ、「うさんくさかったり、エモかったり、おもしろかったりするものなら、なんでも集めたい」とのこと。

ナンブさんの扱っている商品は珍しいものが多く、とてもおもしろい。ただし正直に言うと、僕の世界観が変わるほど衝撃を受けたものはまだない。というのも怪奇マンガの貸本や単行本は一〇代の頃、僕の「第二次レトロブーム」から集めていた。軍モノは三〇代の「第四次レトロブーム」の頃に集めていたし、ベルリンに住み、何度も訪れたことがあるので、現地の蚤の市でナチス関係のレトログッズ（当時のバッジ、商標、切手、紙幣、写真など）をいくらか入手したこともある。「第四次レトロブーム」でカズさんのいっぽう堂を知ってから、エロ本やエログッズの収集に血道をあげた時期もあるから、僕にはもはや「どうしてもこれがほしい」というレトログッズがほとんどない。じぶんの趣味にジャストフィットするものは、あらかた自宅に揃えてしまっている。もちろん、それは僕がもはやなんでもかんでも持っているというような超絶コレクターということを意味しない。けれども、「この方面を収集することで、じぶんの視野が新たに開ける」というような領域は、つまり僕にとってのフロンティアは、レトログッズの世界からほとんど消滅してしまったことも確かなのだ。

それなのに僕は、ナンブさんの活動を知って、ちょうど一五歳くらい年下の——世代がひとつ離れていると言って良いはずだ——ナンブさんが、こんなにも僕自身と重なる興味関心の範囲に、僕がやってきたよりもずっと大規模かつ徹底的にのめりこんでいることには、率直に驚いてやまなかった。

ナンブさんの趣味のうちでは、とくにしろうとの日記などに対する執着心に感動させられた。たとえば、大正時代のとある小学生の日記を見ると、夏休みに友だちと会うたびに相撲をしていることが記されている。子ども世界での相撲の存在感が、いまよりもはるかに大きかったことが明らかだ。昭和三〇年代のとある小学生の絵日記には、岡本太郎が地球外生命体のデザインを担当した映画『宇宙人東京に現わる』(一九五六年)を鑑賞した感想が描かれてあって、資料的価値すら感じられる。昭和五〇年代のとある中学生の日記には、クラスメイトに無視されていることについて怒りをあらわにする場面があって、過去の庶民生活に関する貴重な民俗学的資料という気がしてくる。高校生が精神科病院に入院していた時期のことを退院後に書きとめた備忘録[2章28]や、女子中学生が同級生に文句を言っている日記もナンブさんは紹介してくれた。自作の少女マンガが描かれた帳面もある[2章29]。これらはなまなましくって最高と言える。

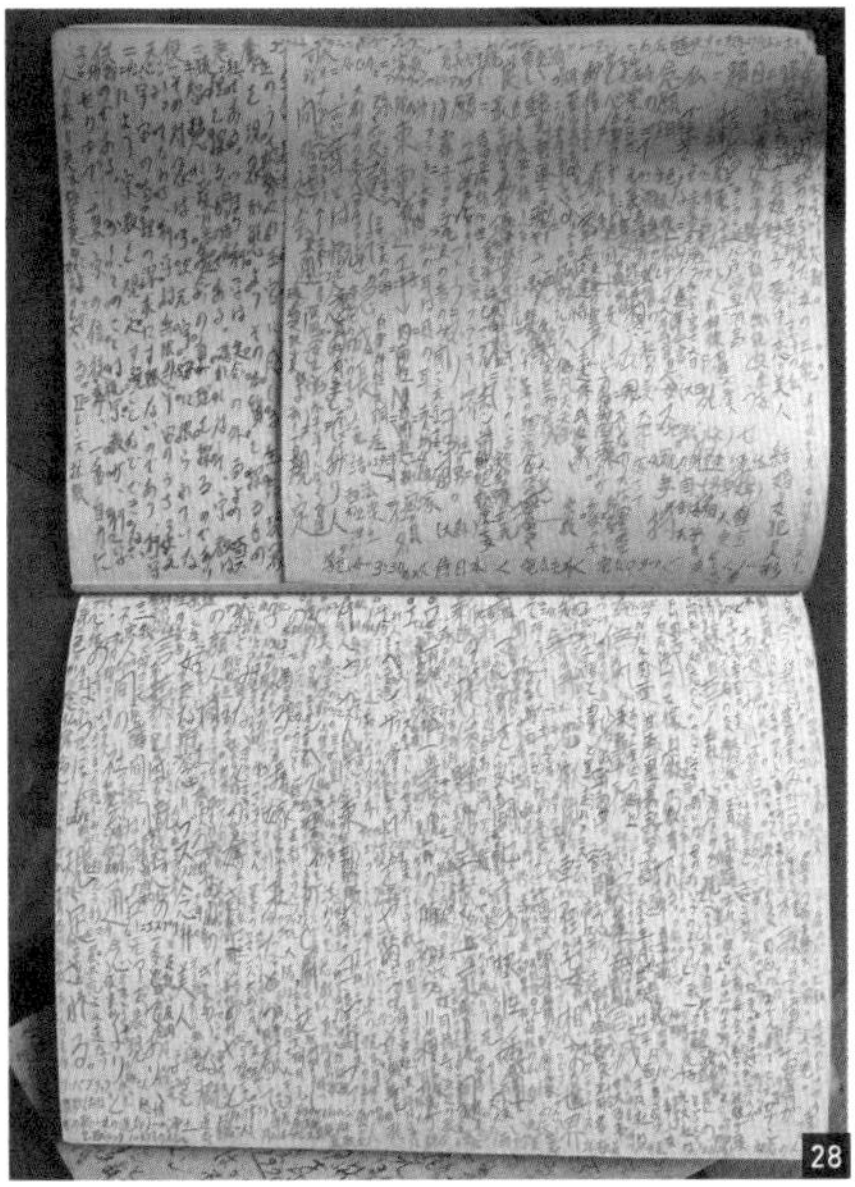

[28]ある高校生の入院備忘録[29]少女マンガが描かれたノート

ナンブさんは語る。「他人に見せる予定がないから、非常に正直な世界なんですね。なまの真実が吐露される。ひばり書房とかの怪奇マンガにしても、作者の心情を正直に垂れ流してるような作風ですから、それがたまらなく魅力的だと思うんです。それに知らない人の日記を読みながら、出てきた地名や人名から場所を特定して、事件の話から年代を特定したりするのも楽しい。ときにはセンセーショナルな事件に巻きこまれた歴史の証言が残ってたりします。とにかく人様の人生を追体験する楽しみは無限ですね」。

多くのレトロ商には、おそらく世の中の煩雑さへの反感がある。複雑な人生のさまざまな局面で、眼前にたくさんの障害物が並び、真実の世界に続く道を覆いかくしてしまっていることへの反感のようなものがある。レトロググッズは、それを爆破し、道を開いて、クリアな視界を提供してくれるための魔法のアイテムなのだ。ナンブさんはそのような感受性でレトロ商をやっているのだろうし、その姿勢に僕はどこまでも共鳴する。

ナンブさんの活躍を見ていると、新しい世代のまぶしさを感じられるところも爽快だ。ナンブさんはVTuber（仮想世界の人格を使ったYouTuber）として活動していたこともあるし、新しく古本屋「南部堂」を開業しようと活発に動いている様子からも、僕は元気をもらってしまう。此岸の障壁を越えて彼岸の透明へ。レトログッズでそれが実現できるという夢をナンブさんは僕たちに見せてくれている。

第3章
迅太さんと古道具と制作

渋さと甘さ

迅太さんはもとは美術家として活躍していて、そのセンスをレトロ商の世界に持ちこんだという点に特徴がある。迅太さんの取りあつかっているレトログッズは、日本の古い民俗を伝えるものでありつつ、それぞれがアヴァンギャルド芸術のような印象を放っている。それらには一見すると渋い味わいがあるものの、同時に独特の笑いの感覚、言うなれば甘さのオブラートをまとってもいる。その点が僕には無常の魅力と感じられる。迅太さんは以前は大江戸骨董市などで出品していたが、現在はおおむね「畳アンティーク」というウェブサイトに販売先を絞っている。

たとえば神社から出た紙札〔3章01〕。和紙に毛筆で「御守」「祈禱」「称辞」などの文字が書かれたものだけでなく、どう解読して良いのかわからない記号や図柄だけが書かれたものもある。神社から出たこまかなハンコ類も文字が愛らしく見えてくる〔3章02〕。虎の張り子の型、同じく神社関係では、男根型の奉納品もある〔3章03〕。夫婦円満、受胎、子孫繁栄、商売繁盛とさまざまな願いが込められているけれども、迅太さんが扱うものは前述した渋さと甘さの配合率が絶妙だ。神主が履いていた木靴を売買したこともあったという。

昔から石が好きで、つげ義春が書いたマンガ「石を売る人」に始まる『無能の人』シリーズ

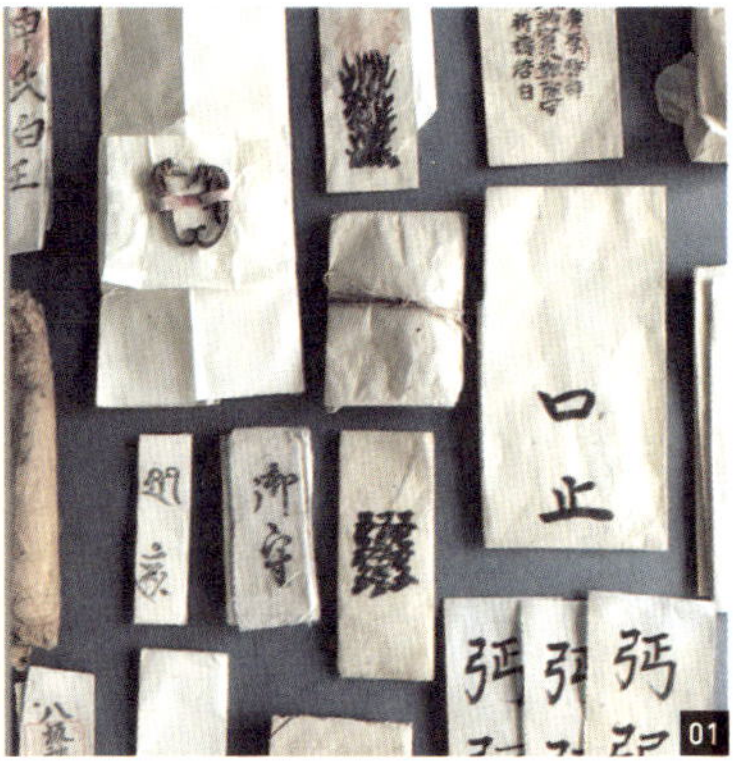

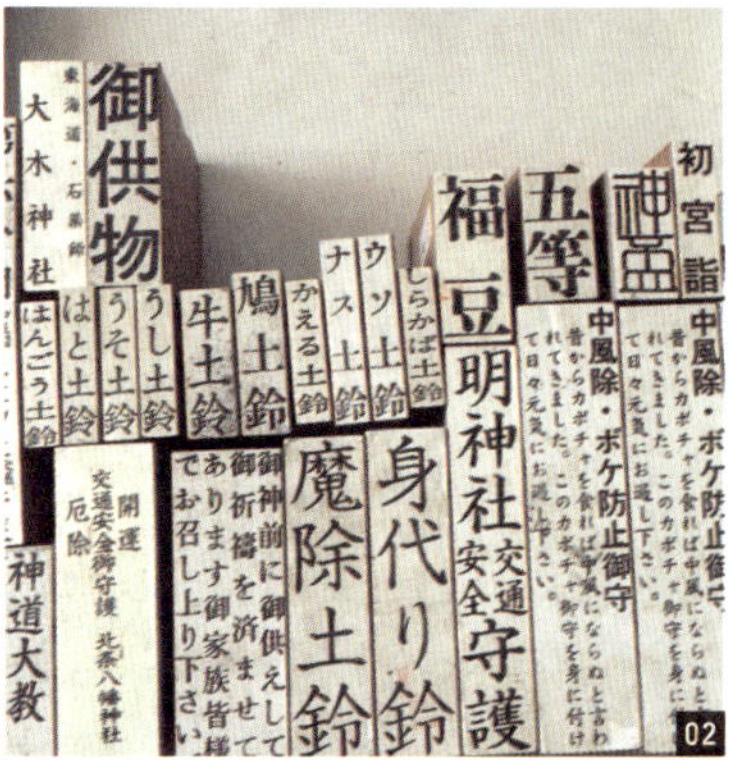

［01］紙札［02］ハンコ類［03］男根型の奉納品［04］餌木
［05］［06］ともに海から上がった茶碗

に影響を受けたと語る。なかでも国産が好きで、その趣味性も迅太さん流だ。「水晶の場合、透明度が高いほど好まれ、価格も高くなりますが、個人的には、ザラメっぽいのが気になります」。それにしても、水石の世界はみごとに老人ばかりだった。「だから、まだ少し早いかなと思いました。本格的にやるのはもう少し先で良いですね」。

気がつくと木材で作られたものを買っている木製好きでもある。経年劣化がわかりやすい点に魅力があると語る。昭和時代のちゃぶ台、豆腐屋で使われていた水切り板、東北で古い時代に使われていたまな板、木製の小鳥の巣箱などを取りあつかってきた。馬鍬（馬が引き、土をならすための農具）や、漆作業板、変わったものとしては餌木《えぎ》を売買したことがある［3章04］。餌木とは木製の伝統的なルアーのことで、それを使ってイカを釣る行為が、和製英語では「エギング」と呼ばれる。

ほかにも海からあがった茶碗［3章05、06］、麻のぼろ、結晶釉薬の小皿、桑爪（指につけて桑の葉を刈るための道具）、ブリキの繭皿（養蚕で繭を取りわけておくための大皿）、柿渋色に塗られた和紙製の繭袋（繭を入れるための袋）、ドジョウを掬うために使う竹の魚籠、引き網漁の重り、馬鈴（馬の尾につける鈴）、特大のアルミ製の漏斗［3章07］、ゴム風船の型、べっこう飴の型、水中観察用の箱メガネなども商品になってきた。

迅太さんが販売用ウェブサイト「畳」やインスタグラムに挙げる画像は撮り方も洗練されてい

て、もともと写真作家（フォトグラファー）だったというのは、容易に納得できる。大福帳（商人の家で日々の売買を記録するための分厚い帳面）なんかでも、角度《アングル》や画面上の配置《レイアウト》などを工夫することで、表面的な印象とはまるで違ったファンタジックな物体と化す［3章08］。

迅太さんは語る。「ユーモアが大好きなんです。ちょっとした遊びが、一日を楽しくしてくれます。笑いを取ろうとして、すべってしまうことも多々ありますけれど、なかにはそんな遊びを楽しんでくれる人もいる。なので、白い眼で見られても、売れなくても僕は遊びつづけます」。

渋さと甘さの果て

迅太さんの渋さと甘さが同居した古道具は、いったんその味わい方を知ると、ファンにとってたまらないものになってしまう。

大正期の絵合わせ積み木、戦前のアンチモニー（鉛とアンチモンを混ぜた合金）でできたミニカー［3章09］、同じく戦前のセルロイドでできたトンボ、戦前に、ドアノブ、蝶番、鉄くず、栓抜き、鍵、ピンバッチなどを組みあわせて自作されたおもちゃのライフル［3章10］。これらはみな子どもの玩具類だけれど、軍国時代の香りが濃厚な日用品でも、迅太さんが扱うとユーモアが漂うようになる。空襲を受けた際に投擲された瓶詰めの液体の消火弾は、冴えわたる青い色がファンタジックだ［3章11］。同じように使用された砂が詰まった防火砂弾は陶製で、素焼きの肌が優しい景色を浮かべている。火縄銃の形をした花器、防空服の型紙、出兵を祝うのぼり旗を戦後に仕立てなおして布袋にしたものなどは、その物質感そのものに愛嬌が宿っている。

扱う商品は時代も地域も超える。たとえば縄文時代の石器ナイフ、須恵器の横瓮《よこべ》（俵を横に倒したような形状）、化石のサメの歯など、太古の時代のものも取りあつかう。毛沢東の陶製バッジ、李氏朝鮮で作られた馬の毛で編んだ帽子、ラオスで使われている魚を獲る仕掛け、ボルネオ島のダヤク族が作った木彫りの鳥［3章12］、インドで使われていた琺瑯《ほうろう》の洗面台、アフリカの顔が彫られたパチンコ（枝にゴムを引っ掛けて小さな玉を飛ばすおもちゃ）のように、地球上のどこに由来するものでも売買する。

そして「これはもう極北だな」と感じさせる商品群。迅太さんにかかれば顔の着彩が取れた人形、紡績機の残骸、髑髏《しゃれこうべ》の模型なんかは、大好物と言える［3章13、14、15］。ほかにも溶けてゆがみ、縁もガタガタになったレンズ。迅太さんは「いままで扱ったなかでも、レンズとしては最低のものでしょうけれど、じぶんの扱うものとしては、最高です。二枚合わせると、貝のようになかに何か入れられます」と語る。昭和一一年に発行された『満州日日新聞』を入手したところ、墨で人間の横顔のシルエットのようなものが大きく黒々と落書きされていた。「久々のどストライク！」と迅太さんは興奮した［3章16］。

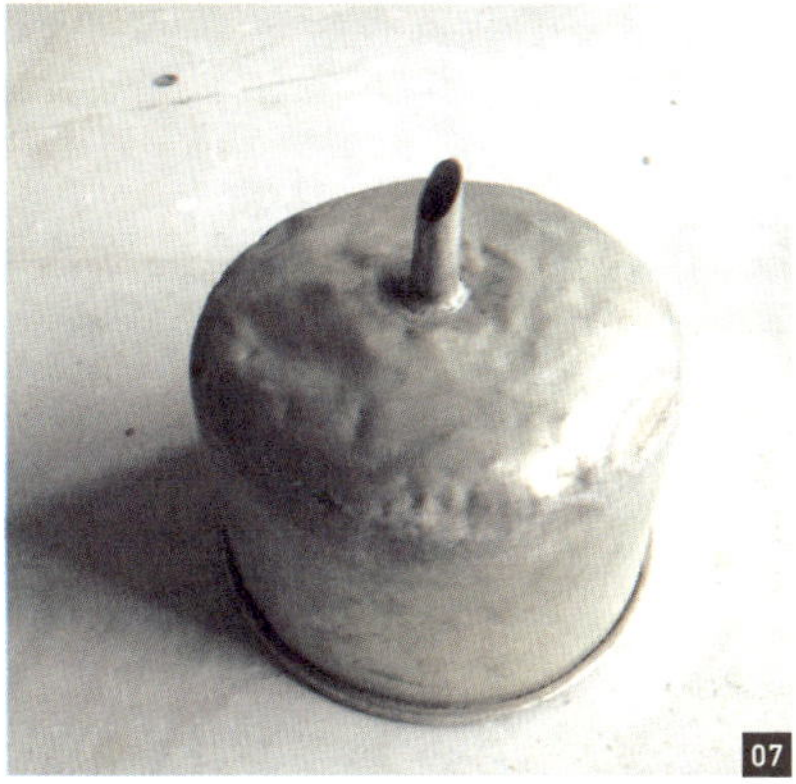

[07]アルミの漏斗[08]大福帳[09]戦前のミニカー[10]自作されたおもちゃのライフル
[11]青い液体の消火弾[12]ボルネオ島のダヤク族が作った木彫りの鳥

粘土製のボロボロの菩薩像から、鉄製の骨組みを除いて、粉々に粉砕し、「粉地蔵菩薩」や「菩薩パウダー」と呼んで販売した［3章17、18］。絶句せざるを得ない商品だ。「かろうじて菩薩。もはやなんだかわかりませんが、この危うさに惹かれます。粉であっても、菩薩に変わりありません。像はなくても菩薩。それでも信仰できるか、どうか。もはや姿、形に囚われないという方々に喜ばれました」。

このように迅太さんは古物を加工して、作品に変えてしまうこともある。レトロ商としては邪道と感じる人もいるだろうけれど、これが迅太さんの選んだ道だ。おなじく仏像では、「白球観音」または「石面仏」と呼んだ商品（作品?）があった［3章19］。頭部が欠けていたので、白い石を嵌めこんでみせたものだ。まるでサルバドール・ダリやジョルジョ・デ・キリコの絵画を思わせる時空が出現した。

古地図の端切れを無作為に白いカンバスに貼って製作した商品／作品もある。何層にも重ねて、長い時間をかけて完成させていく。なんとなく余った材料を使って制作するために、じぶんでは意図しないおもしろい偶然性が生まれてくる。ゴム手袋の型を、鍛冶屋に頼んで、焼いて溶かしてもらった物体も売り物になった。「どんなふうになってもいいんでと、無理なお願いにもかかわらず、いい感じに仕上がりました」。

迅太さんに、「世の中がどうなったらおもしろいか」と尋ねてみると、こう答えてくれた。「もっとユーモアがある社会になってくれると、いろんなことが良い方向に向いていくかなって思ってます。いまの日本はギスギスしている。価値観を新しく植えつけることをめざしているんです。手を加えることによって、付加価値をつけて、新しい感覚へと持っていく。百年後に骨董市に転がってたら、その時代の人はどう思うか、ということを考えてしまいます。いまの僕たちも、昔のものを買って、どうしてこうなったんだろうってワクワクしますよね。そういうふうに百年後に残ったらおもしろいなって思います」。

迅太さんは遠い眼差しの人だ。

文化屋雑貨店

迅太さんは、じつは文化屋雑貨店を創業した長谷川義太郎の次男として育った。文化屋雑貨店は一九七四年に渋谷で始まり、一九八八年から原宿に移転して、二〇一五年に閉店したあとは、全国のいくつかの店舗に商品を送りこんだり、百貨店の催事コーナーに臨時出店したりしている。

その店が扱ってきた商品は、典型的にはぬりえ作家の蔦谷喜一の絵柄が載ったさまざまな商品。ほかにはベティちゃんのセルロイドのお面、植物やキノコの形をしたボールペン、真鍮の手桶、ガラスのレトロな金魚鉢、陶器の昔ながらの湯たんぽ、ワッペンだらけのハンドバッグ、イギリ

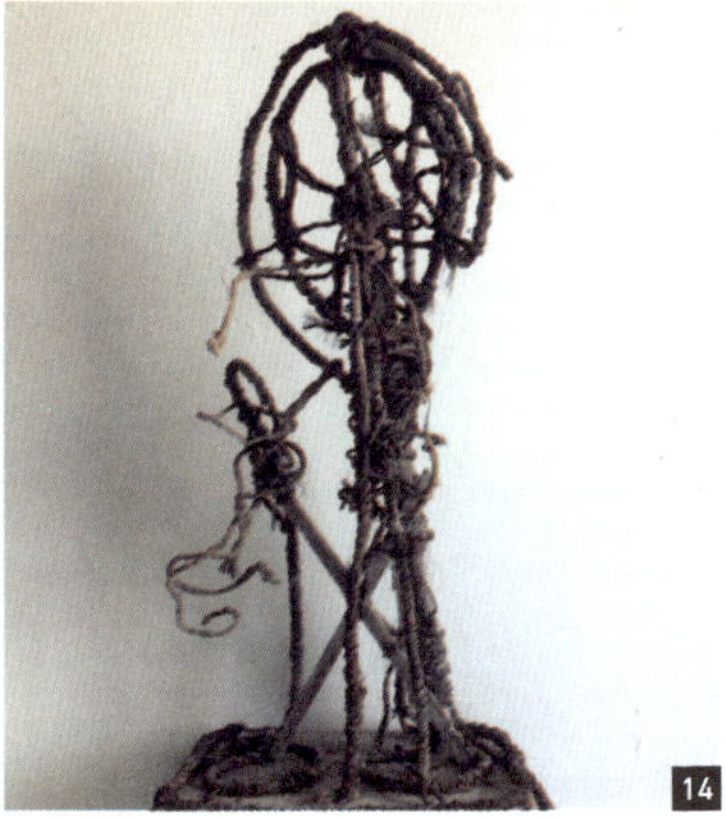

[13]顔の着彩が取れた人形[14]紡績機の残骸[15]髑髏《しゃれこうべ》の模型[16]墨で書かれた落書き
[17][18]ともに「粉地蔵菩薩」もしくは「菩薩パウダー」として販売したもの

ス製のビーチサンダル。青いフードをかぶった聖母マリアが描かれたティーカップ、香港女優のブロマイド、全身に豹柄を被った女性の箸置き。リアルな猫の顔が大きく書かれたティーポット、宇宙から見た地球写真が全面に掲載された丸いバインダー、表面に大きく「桂馬」と書かれた折りたたみテーブル、中国のブリキのおもちゃ、東南アジアの食器、インドのポスターを使ったビニールのペンケースなど。

そもそも「雑貨」という翻訳困難な日本独自の製品カテゴリー自体が、長谷川義太郎と文化屋雑貨店によって創出されたと言われている。長谷川は語る。「文化屋の最初の頃は、雑誌のパワーがすごくてね。雑誌に載るか載らないかで、一〇倍以上も売り上げが変わってたから。どこかの雑誌に文化屋の商品が載ると、例えば、そのかわいいモデルさんが「じぶんで買って着てるんだ！」「私も文化屋のものを買えば、あの人になれる！」みたいな勘違いが起こる（笑）。でも、世の中って結構そういう勘違いで動いてたところがあるんだよね。それを一番加速させたのが雑誌だったと思うし、これには文化屋も助けられたよ。雑誌サマサマでした、一時期は」（長谷川 2014: 74）。

長谷川の価値観やキャラクターはきわめて個性的だ。いくつかの発言を拾いだしてみよう。「昔は楽しい友達だったのに、「ウナギが……」って話を聞くと、もうガッカリするね。たぶん、どこかで詰まっちゃうんだろうけど、もったいないなーと思う。だって簡単すぎない？「ウナギがおいしい」って。ウナギがおいしいなんて知ってるよ。でも、醤油とみりんとなんか混ぜたら、実はそっちのほうがおいしかった、みたいなほうが面白いし、何かを追求するんだとしたら、そっちをあたしは選ぶね」(: 38)。「ロックっぽい商品を並べたときに、ロックなお客さんが増えると、その商品をスパっとヤメちゃう。一時ビニールのベルトをずっとやってたんだけど、そうすると、フィフティーズみたいなリーゼントのお客さんが増えちゃった。でも、それが面白くないから、ビニールのベルトをパッとヤメて。そうすると、もうロックなお客さん来なくなるじゃん。だから、ものを通してお客をつないだり、離したりすることもよくあったな」(: 133)。『スター・ウォーズ』を観なくちゃ宇宙とかああいう広さがわからないっていう人はクリエイタージャないんですよ。お茶碗の中にアリンコが動いてるのを見たほうが宇宙だってことを感じられるくらいじゃないと」(: 185)。

ポール・スミスを筆頭として、アンディ・ウォーホル、山本寛斎、山口小夜子など、国内外で活躍する美術家、デザイナー、モデルたち眼の肥えた人々も文化屋雑貨店に魅了された。僕も文化屋雑貨店でわくわくしながら買い物をしたことがある。強烈な個性を持つ父親との葛藤はなかったのだろうか、と思案して、それらしいことを尋ねてみたけれど、迅太さんはすなおに「父からはとても影響を受けていきます」と言った。「お父さんは最近どうですか」とさらに聞いてみると、「ずっと突っぱしってきたんで、休憩期間を楽しんでいるようですよ」と笑っていた。

ひとりの子どもが美術に目覚める

迅太さんは一九七六年生まれ。四歳上に兄がいる。生まれは、現在のもんじゃ焼きの形が整った地として知られる東京都中央区の月島だ。物心ついた頃には、渋谷に店舗を置いた文化屋雑貨店に出かけるようになっていて、客たちの興奮を肌身に感じていた。

小学校時代、主要教科の成績は平凡で、とくに何かが秀でているということはなかったとのこと。得意な科目は体育。とくに短距離走とサッカーが好きで、地元のサッカー少年チームにも入っていた。趣味はごくありきたりに同世代で流行していたもの。同級生たちと同じようにキン消し（キン肉マン消しゴム）やビックリマンシールを集めたりした。

そのうちレトロなマンガが好きになって、じぶんより上の世代に愛好された作品はおもしろいと感じた。手塚治虫の『ブラック・ジャック』、『ブッダ』、『火の鳥』やつげ義春の作品を楽しく読んだ。

小中学校は公立だったけれど、高校は推薦で私立の普通科に進学した。「頭のいいところじゃないです」と話す。部活動はやらず、友だちと遊びに行って、スケボーに乗って楽しむ日々だった。

そのうちに兄の影響で、デイヴィッド・リンチやピーター・グリーナウェイの映画を観るようになった。リンチには映画から入ったものの、やがて彼の抽象絵画や写真にも惹かれていった。マン・レイも好きで、とくに工作して作ったオブジェの写真から、はっきり影響を受けていると断言する。大竹伸朗も好んだ。「偶然性に任せていて。もう何がいいのかわかんない、くらいのがいいんですよ」と語る。

迅太さんは次第に文化屋雑貨店でアルバイトをするようになった。

写真作家として

高校を卒業したあとは美術学校に入り、二年の課程を経て卒業。それから大学に社会人入学し、写真の基礎を学んだ。自由に撮影し、暗室で現像して、講評してもらう。題材のほとんどは街のスナップ写真で、徐々に風景も撮るようになった。

二〇〇〇年に卒業したあとは、しばらくのあいだプロラボ（プロのカメラマンなどを相手としてフィルムの現像やプリントをおこなう会社）に勤めたけれど、やがて文化屋雑貨店に戻って、まずはアルバイトとして、のちに正社員として働きながら、写真作家としてのキャリアを積んだ。製作物は写真からコラージュなどの半立体物にも広がっていった。

19

20

［19］「白球観音」［20］迅太さんの作品

迅太さんの写真の特徴は、紙に印刷するという常識を打ちやぶった点にある。カラーコピーを使って、転写機を使って木材に色をつける。何度か同じ位置にセットして転写を重ねて、独特の色味を作りだす。やがて転写シートでなく、ふつうの紙で印刷したほうが、トナーが載ってきれいだと感じた。板はシナ合版（シナベニヤ）が最良だというあたりに落ちついた。迅太さんはじぶんの写真が、写真っぽさを出さずに絵画のようにぼやけさせるのが良いと考えている。やがてキャンバスに絵柄のついた和紙を貼って、それに写真を印刷する実験もおこなった。

森絵都の小説『リズム』が二〇〇九年に角川文庫に入ったとき、迅太さんの写真がジャケットに採用された。「作家になってから一〇年近く。初めてじぶんの写真が装丁に使用されて、当時はうれしくて、何冊買ったか」。迅太さんとしては、森が一九九一年に本作でデビューし、二〇〇六年に直木賞を取るという快進撃を経たのを引きあいにして、じぶんの境遇と比較してしまうときもある。「僕は、写真家としての活動を休止して、いまは流れ流れて古物商」。

レトロ商への道

二〇代のあいだに、文化屋雑貨店の仕事で中国に買いつけに出かけた。世界中のバイヤーが日用品を仕入れに来る浙江省《せっこう》の義烏市《イーウー》だ。観光ではイギリスやタイに行ったことがある。作家としては、デンマークで写真の展示を二回やったほか、韓国の芸術祭でオブジェを展示した。流木を加工して芯を入れ、大きな鉛筆状にした作品を出展した。

海外でも作品を発表できるようになっていたとはいえ、迅太さん自身は壁にぶちあたっていると感じ、抑鬱に苦しむ日々が続いた。

そんなある日、ドイツの写真家ヴォルフガング・ティルマンスの写真集に出会って、衝撃を受ける。「こういう人が世の中に出て、ちゃんとものすごく評価されている。だったら、じぶんがやる必要はもうないのかなって思ったんです」。ティルマンスの作品は迅太さんの理想そのものだったのだ。

目標を喪失した三〇代の半ばのある日、渋谷でとある古物店に入る機会があった。店主は迅太さんよりほんの一、二歳だけ年上。その男性はやがて店を移し、いまでは東京都外に転出し、古物商もやめているのだが、古物に関して非常な目利きだったと迅太さんは語る。彼をガイド役として、迅太さんは骨董市に出入りするようになり、新しい世界が開けた。「こんな世界があったんだ。むしろ、こっちのほうがアートなんじゃないのって思いました。知ってる世界といえば文化屋と写真の世界だけ。別の世界を知りませんでしたから」。

二〇一二年に古物商の免許を取って、じぶんでも商売を始めた。しかし制作から完全に手を引いたわけではない。材料になりそうだとピンと来たら、手を加えて、異質なものを作りだしてしまう［3章20］。「気分転換として、ちょっとしたコラージュを作ることがあります。手元にあるものを貼りあわせたりして。それがヒントになって、作品が生まれてくることがあります」。

購入の基準

迅太さんはどのような基準で商品を仕入れているのだろうか。尋ねてみると、「何だこれは？というモノは、やっぱり好奇心で、後先考えずに仕入れてしまいます。高すぎるものは買えませんが、ほかになかなかないなって思って、興味があれば、なんでもです」と答える。

迅太さんが扱う商品は白、黒、灰色、茶色などのくすんだ色が多く、文化屋雑貨店の極彩色の世界とは対照的に見える。その点はどう考えているのだろうか。「もともと渋い色が好きなので、そうなってしまうんです。でも父の影響はとても受けていますよ。渋いだけだとふつうになってしまう。つまり一般的な古道具屋と同じになってしまいますから。色合いは渋いけど、形とかでユーモアがあるものを選んでますね」。

意外だったのだが、迅太さんは業者市には足を運ばないと語る。知りあいが多すぎて窮屈なこと、ガツガツしたセリの雰囲気が苦手なこと、まとめて落札するので、いらないものがたくさんついてくるのが嫌だということ。「おっきく商売する気がありませんし、骨董市を回って、ピンポイントで仕入れるやり方一本です」。

かなり気長な仕入れになることもある。たとえば食玩の寿司のパーツを一〇〇貫分ほど集めていた時期がある。それと別の何かを組みあわせて創作する。迅太さんは語る。「四〇％ぐらいの「良さ」と思うものを買って、それに合う組みあわせで、一〇〇％の「良さ」に仕上げる、という方針をここ数年継続しています。どっちみち単体で良いものって、高くて買えませんから」。

仕入れで失敗することは珍しくない。「渋くて甘い」良さは崩壊しやすい。容易に、たんに渋いだけになったり、たんに甘いだけになったりするからだ。黄色い河童の人形を仕入れたとき、「河童で黄色いなんて珍品だ」と興奮した。「じぶんの趣味としてはギリギリのラインかな？」と不安だったけれど、帰ってよくよく観察してみたら、やはり「アウト」だと感じた。「業者やコレクターの人なら幾度となく同じ経験はあるはずかと。河童は悪くありません」。

畳

骨董市や蚤の市に出店しつつ、アルバイトで生活費を稼ぎ、ときには展覧会に出品するという生活になってから数年を経て「畳」（tatami antiques）というグループに誘われた。英語が堪能な人物が古道具を海外の愛好家向けに販売する事業を始めて、仲間を募っていた。ひとりだと扱うものが限定されがちになるが、同好の士を集めてやれば、ラインナップに広がりが出て魅力的だ。迅太さんは誘いに乗って、現在に至る。

「畳」にはおもしろいメンバーが集まっている、と迅太さんは自負する。同じような関心の人たちが出品しているけれど、それぞれ細かく趣味が分かれていて、世界観がぴったり重なることはない。それに刺激を受け、じぶんなりの「迅太ワールド」を深め、広げていくことができる。商売のための組合であると同時にクリエイター集団。理想的なコミュニティだ。

五年くらい前（二〇一八年）からは、骨董市や蚤の市はおもに仕入れ先として利用するだけになった。出品は稀になり、ほとんどの商品を「畳」で売っている。東京ならば毎週のようにどこかで骨董市や蚤の市をやっているから、そこに出かけて仕入れ、撮影して、そのまま売ることもあれば、作品に仕立てて売ることもある。先に紹介したかずかずの商品も、多くは「畳」で売ってきた。縄文土器の破片を貼りあわせて作った「縄文玉」や、B0の大きな紙に切手を隙間なく貼ったシートなど。海外の好事家は飛びついてくる。

この数年は無印良品でアルバイトをしていたけれど、「畳」の勢いが強くなると退職して、制作と出品に専念していた。レトログッズが売れるときは、とにかく売れて、そのぶん仕入れもしなくてはならず、追いつかなくなった。「でもじぶんのセレクトしたものが海外に行くってのは楽しいですね。配送で雑に扱われることもあるんで、発送用の梱包がたいへんです。注文が来るのはアメリカからがダントツで多いですね。でもヨーロッパの国にもだいたいは送ったかなって思いますよ」。

日本の客の場合は、商品の由来や素性を知りたがり、歴史背景のおもしろさなどを喜んで買うことが多いが、海外の客は知識がなくても、おもしろさがぴんと来れば買う。それが美術家としての迅太さんのセンスにはグッとくる。また日本人向けに売るときは、日本の豊穣な古物市場での相場を念頭に置かなければ売れにくいわけだが、外国人向けの場合だと、思いきった値段でもひょいっとすぐに売れていく。それにまたワクワクさせられる。

メンタルヘルスの危機

二〇一七年七月一四日、迅太さんはインスタグラムにつぎのように書いた。

先日脳みそも壊れ、そろそろ潮時かなと思い、店も無いですが、閉店します。といっても、古いモノ業界とは、今後も付き合いつつ、ふるい材料を活かして製作のほうに重きを置こうと思います。終わりの始まりと言っておきましょう。少しずつですが、大江戸骨董市で、ブースの一画を使って見切り品セールをやりますので。

「脳みそも壊れ」とか「終わりの始まり」とか、いかにも物騒な表現だった。どのような心境だったのでしょうか？　と尋ねてみると、完全にレトロ商をやめようと思っていたわけではなく、「畳」に絞って出品しようと決めた時期の発言だと教えてくれた。

同じ商品でも「畳」で外国人に売るのと骨董市で日本人に売るのとでは、価格帯がだいぶ異なっていることもあって、その二重性で内面が分裂しかけていた。露店にはひいきにしてくれる客たちがいたものの、顔ぶれは固定的で、広がりのなさに失望が高まっていた。骨董市や蚤の市では、趣味でなんとなく露店を出すシロウトも多いけれども、当然ながらそういう人たちが扱う商品は趣味性が薄く、おもしろいと感じられないことが苦しかった。

芸術家にはよくあることとはいえ、迅太さんは以前からじぶんは躁鬱傾向が強いと感じていて、ひそかに悩んできた。地元の月島で東京湾をぼんやり眺めていると、流れに乗れない滞留物に共感を抱いてしまい、「これはヤバい。きょうだけの感情に留めておこう」と不安を覚えた。心療内科に通って抗鬱剤を処方してもらい、なんとか平常心を取りもどすとともに、骨董市や蚤の市から売り手としては「卒業」した。

最近（二〇二三年夏）は展示を控えているため、制作すべきものが多すぎて、作業に打ちこんでいる。昼前に起きて、昼過ぎまでひとまず制作。知りあいが釣具屋で働いていて、「好きなときにバイトに入ってくれていいよ」と言ってもらえたから、週に三、四回は通っている。早ければ朝一〇時から夜の九時まで働く。土日は東京の骨董市と蚤の市を回って仕入れ、バイトをしない日は制作にあてる。

制作の仕事が趣味の最たるもので、手持ち無沙汰になったら、かんたんなものを作っている。それ以外に暇があれば、動画配信サービスで雑多にいろいろ見る。美術的センスが確立されているから、そういう点での刺激はあまり求めていない。最近では大相撲の業界に取材したＮｅｔｆｌｉｘのＷｅｂドラマ『サンクチュアリ－聖域－』がおもしろかったと語る。

将来への展望

迅太さんに将来の展望を尋ねてみると、今年（二〇二三年）は無理をしていろんなイベントに出品していたので、これからはもう少し落ちついて身のふりどころを考えたいと答えてくれた。

「漠然と、このままではダメだなって思っているんですけど、見つからないんですね。まったく違うこともしてみたいけど、それってなんだろうって。やってることに、昔のような熱意がなくなってきてるのは、たしかなんですよね。そういう歳になってきたってことかもしれませんけれど。いったん違う仕事をしてみるのもいいかもしれないいんですけど」。

そんな弱音を吐くときもあるけれど、基本的にはいまの仕事を続けていこうという思いのほうが強い。「店を構えたことはないですが、アトリエの延長として、おもしろい空間を見せていくことはやってみたい。仕入れてきたものと制作したものをごっちゃに、混沌としたままに見せられたらおもしろいです」。

西日本に漠然とした憧れがあって、京都の骨董市や蚤の市にならば、久しぶりに露店を出したいと思っている。古道具の店をやるなら東京か京都でないと難しいと考えている。

迅太さんは、最近はプラスチック製品がおもしろいと感じていると話す。積み木、立体模型、昭和のプラスチック製品などの質感がおもしろく感じるようになった。なかでもレストランや定食屋などの店頭に置かれていた食品サンプルに惹かれる。「これは近い将来、途絶える文化だと思っていて、Ｙａｈｏｏ！オークションなんかも利用して、集めてます。古い中華屋で陽の光がバンバンに当たって、劣化褪色しているようなやつとか、おもしろい風合いだと感じます。集めた食品サンプルを使って企画展をやれたら良いなと思っています」。

商品と芸術の融合

世の中には、芸術と商品とは対立的な関係にあると考える理想主義的な人がいる一方で、芸術もひとつの商品だと割りきる現実主義的な人もいる。迅太さんはどちらだろうか。迅太さんは語る。「芸術性があると売れづらいなっていうのはあります。万人受けしなくて、狭いところにしか届かない。じゃあ割りきって商品を売るのか、ということですが、僕は芸術性を入れていきたいと思うんです。「商品100％」だとつまらないと思ってしまう。受けにくくはなるんでしょうけど」。「バランスをじょうずに保ってる人はすごいと思います。父もそうだったかもしれない。そういう意味でも、たぶん指標なんですね。誰にでもできることをやるんなら、やってもしょうがないかなって思う。じぶんしかできないことをやらなくちゃって思う」。

もともと前衛作家だった迅太さんが、古道具と現代芸術をどうしても混ぜたくなってしまうのは、道理というものだ。片付けをしている最中に、ふと作業場の壁に眼を向けると、さりげなく掛けていた何かに心を奪われる。見せるということを意識していないからこそ、独特の渋く甘い良さが出る。その感じをたいせつにしていきたい。

ところで僕の「第四次レトロブーム」の時期、僕は初めは昭和レトロに耽っていたのだけれど、次第にもっと渋い世界に対する開拓者精神が掻きたてられるようになった。とはいえ、やはり渋いだけの骨董や古道具には心をくすぐられることがなかったので、そんなさなかに出会った迅太さんの商品群は衝撃として覚えている。あくまで僕の主観に依拠した話だけれど、迅太さんの世界は「渋さ七割、甘さ三割」という感じがある。そこで僕は、迅太さんの商品を何点か購入し、近しいセンスの商品もほかの場所から集めて、じぶんのコレクションは「渋さ三割、甘さ七割」の具合で構築しようと考えた。

迅太さんから買ったもののうち、ジャンク品の人体模型二点は、いまでも僕にとって最高級の「お宝グッズ」に属する。神経系の模型を「シンちゃん」、血管系の模型を「ケーちゃん」と名づけて、それぞれ住居の一角に飾っている。この買い物によって僕のなかで従来からあった怪奇趣味は大いに掻きたてられ、改めてその方面に関心が湧くようになった。その思いがくすぶった結果として、「第四次レトロブーム」が終わったあとには、ナンブさんの存在が気になって仕方なくなった。そして結局はその「残り火」が、本書を成立させることになったのだ。

終章

レトロ商のなりそこない

必要十分条件としての三人のレトロ商

最後に、ふたたび僕の話をしておこう。そもそも僕は、この本で扱うレトロ商をどうしてカズさん、ナンブさん、迅太さんの三人に絞ったのだろうか。もっといろんな年齢層のいろんな土地のレトロ商を取りあげても良いのではないか、あるいは、もっと年配のレトロ商や、それ以上に女性のレトロ商を取りあげないのはどうしてか、と疑問を抱いている読者もきっといるだろう。

結論から言うと、僕にとってはこの三人が「必要十分条件」なのだ。つまり、カズさんの趣味と、ナンブさんの趣味と、迅太さんの趣味を足して三で割ったら、僕の趣味とほとんどイコールになる。もちろん、この三人を紹介するだけでも、レトロな品物を愛する読者たちに満足してもらえるだろうとも考えた。そのようなわけで、この三人にインタビューを試みて、三人の生きざまと価値観を知り、思いをめぐらせることには本質的な意味があった。

急いで書いておくけれど、僕の趣味が三人の趣味を「総合」したものだと言いたいのではない。僕には、カズさん並みに昭和レトロの果てなき深海へと向かって、どこまでも沈潜していく勇気が欠けている。ナンブさんレベルの旺盛な探究心を持って、膨大な量の自販機本やシロウトの手になる日記やスクラップブックを物色しつづける業の深さも欠けている。ましてや迅太さんのように芸術表現に全人生を賭けてしまえるような腹の座ったところは、僕にはまったく存在しない。

言うなれば、この三人のレトロ商の趣味を混ぜて、プロ級からアマ級にスケールダウンしたら、「レトロ商のなりそこない」としての僕になる。未来にはレトロ商になっているかもしれないけれど、まだその未来は確固と開けているわけではない。

たいせつなことはすべてマンガが教えてくれた

僕の趣味の全基盤が最初に形を整えはじめたのは、小学校高学年のときに経験した「第一次レトロブーム」、つまり「トキワ荘系」のマンガに対する熱狂だった。それ以前からマンガやアニメや特撮番組が好きなオタクっぽい子どもではあったものの、レトロな世界に開眼したことで、じぶんの趣味や価値観だけでなく、人生までもがかなり特異になってしまった感覚がある。「トキワ荘系」の作家たちへの愛着と敬愛の念は、現在に至るまでまったく失われていない。

高校時代の「第二次レトロブーム」で、マンガに対する僕の趣味はほとんど確立された［終章01］。少女マンガや怪奇マンガを中心として、日本のマンガの歴史全体に展望を得るということが可能になって、それと同時にマンガに対する関心をほとんど「卒業」へと向かわせた。マンガという表現形態には、当時（一九九〇年代）もはやそんなに広大なフロンティアが残っていないように感じられた。それは、マンガというジャンルで想像を絶するような作品にほとんど行きあたらなくなっていた僕自身の状況とシンクロする現象のように感じられた。

僕は純文学やSFの小説をたくさん読むようになって、哲学や思想の本にも挑みはじめたが、それらの関心もマンガに対する趣味の延長線上に繁茂した。つまり「マンガ的」な文学や思想こそがじぶんのための文学や思想だという意識は一貫して保たれることになった。やがてマンガ以上にシンプルな仕方で文と絵が総合された絵本というジャンルに惹かれ、心の琴線に触れる作品を渉猟するようになったけれども、その日々も結局はマンガ趣味の延長線上に成りたった。

カズさん、ナンブさん、迅太さんという三人は、それぞれかなり個性が異なるように見えて、重要な共通性を持っている。この三人のレトロ商も僕と同様、マンガというジャンルから決定的なインパクトを受け、新しいマンガを描くような仕方で、それぞれの仕事に従事していると思われてならないのだ。カズさんはマンガ制作の代償行為としてレトロ店を運営し、ナンブさんはマニアックなマンガを探索しつづけ、迅太さんはマンガを描くほかに石を販売したつげ義春の分身のような人だ。僕はじぶんの書く本を、「文字だけでできたマンガを世に送りだす」という気持ちで制作しつづけている。

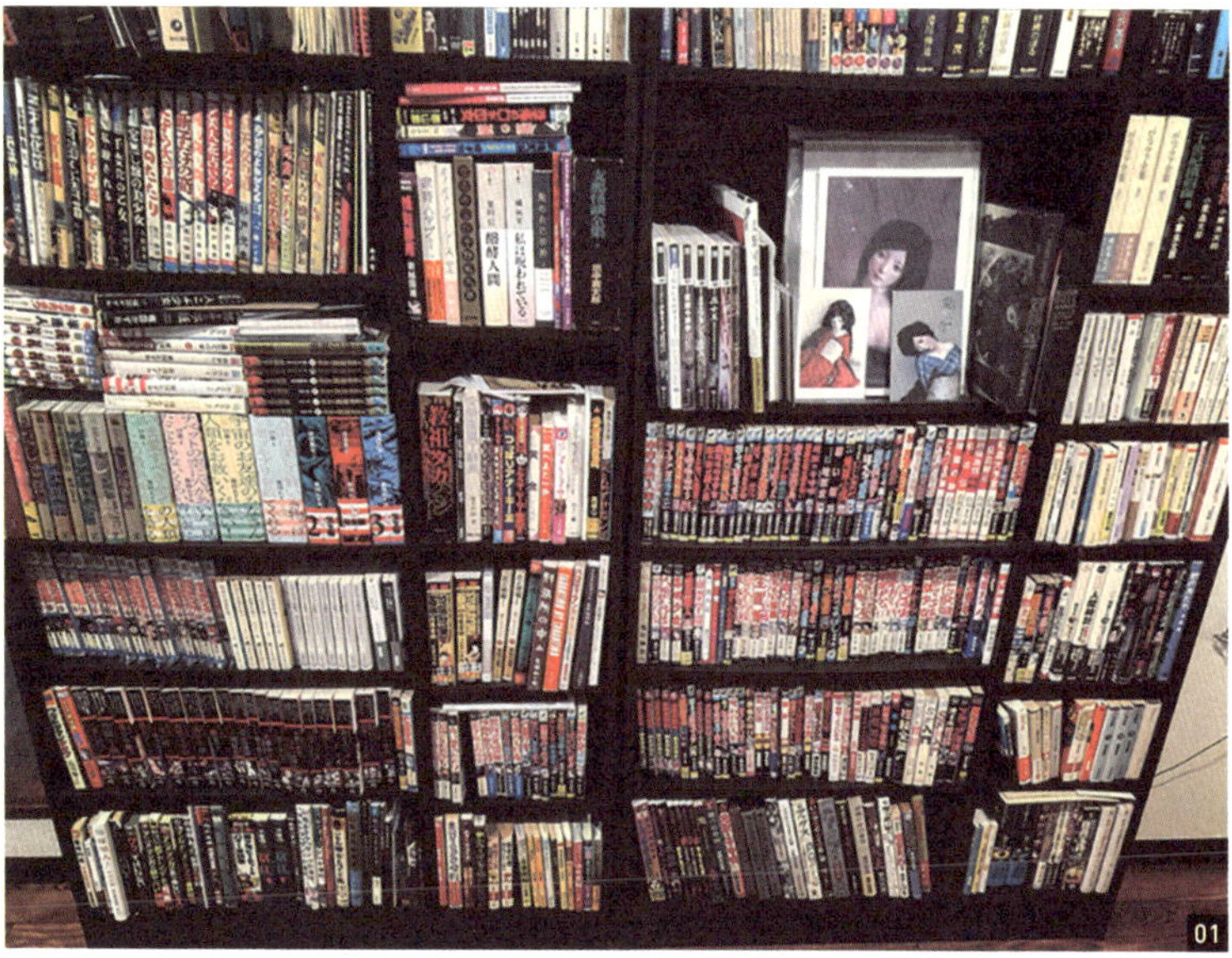

［01］自宅の本棚

僕が好む音楽と映画

以上に述べた事態は、前衛的な音楽や映画に夢中になった僕の「第三次レトロブーム」にも影響を及ぼした。

「第三次レトロブーム」では、濃厚なマンガかつ音楽的な素養に乏しい僕が、どうやって前衛的な音楽を理解していくかということが大きな課題だった。僕が熱愛するCDはたくさんあるけれども、僕はまさにそれらを僕のマンガ趣味に音響面で相似形を成す者として受けとめているのだ。それらのCDを一覧にしてみよう（ジャケット写真は許諾を取るのが難しく、残念ながら掲載できないことがわかった……）。

- A-Musik『エクイロジュ』
- あがた森魚『永遠の遠国』
- After Dinner『Paradise Of Replica』
- 荒木一郎『ゴールデン・ベスト』
- NRBQ『クリスマス・ウィッシュ』
- OGRE YOU ASSHOLE『workshop』

・小沢健二『Eclectic』
・オルガナム『Sphyx』
・カール・オルフ『カルミナ・ブラーナ』(ケーゲル指揮)
・ガセネタ『Sooner Or Later』
・シャルロット・ゲンズブール『レモン・インセスト』
・セルジュ・ゲンズブール『メロディ・ネルソンの物語』
・ザ・ゴールデン・カップス『コンプリート・ベスト』
・コールド・サン『ダーク・シャドウ』
・トニー・コジネク『バード・ガール・ソングス』
・静岡ロックンロール組合『永久保存版』
・鈴木一記『ブランコの夢』
・パティ・スミス『ランド(1975~2002)』
・高柳昌行『イナニメイト・ネイチャー』
・ジーン・ティラニー『アウト・オブ・ザ・ブルー』
・クリッシー・ゼビイ・テンボ&ンゴジ・ファミリー『ぼくの先祖たち』
・友川かずき(カズキ)『無残の美』
・ドラジビュス『バルブ・ア・プ』

・スティーナ・ノルデンスタム『そして彼女は両眼を閉じた』
・灰野敬二『ブラック・ブルーズ』
・裸のラリーズ『Live 1972』
・バッハ『無伴奏チェロ組曲 全曲』(カザルス演奏)
・ヴァシュティ・バニヤン『あなたの心に引っかかっている幾つかのこと』
・『比叡山延暦寺の声明』
・アネッテ・ピーコック『アイム・ザ・ワン』
・フェアグラウンド・アトラクション『ファースト・キス』
・マザー・オブ・インベンション『フリーク・アウト!』
・メロウ・キャンドル『抱擁の歌』
・ゆらゆら帝国『II』
・ラヴ『Forever Changes』
・ジョナサン・リッチマン『ぼくジョナサン』
・レッド・クレイオラ『シングルズ』
・ロス・ヨークス『68年』
・クローディーヌ・ロンジェ『夜をぶっとばせ』
・V.A.『カンボジアのロック音楽』

どうだろうか。これらの音楽を理解できる人は、「たしかにマンガっぽい」と感じるのではないだろうか。おそらく一枚ずつのアルバムは、そんなに「マンガ的」ではないにせよ、サイケデリック音楽が中心なので、音色は幻覚的で、歪んでいて、甘やかで、陰鬱なのに多幸感が弾ける。このような独特な嗜好で音楽趣味を形成している事実が、幻想的でもあり、ユーモラスでもあり、シンプルでもあり、映像的でもあって、それをひとことで表現するのが、僕にとっては「マンガ的」という形容なのだ。

僕が好む映画のDVDも多くは「第三次レトロブーム」のときに集めたものだ。デイヴィッド・リンチとペドロ・アルモドバルは、ほとんどの作品が僕の感受性にとりわけしっくりくる。ほかの監督の作品も一覧で示しておこう（やはり写真掲載の許諾を得るのは難しかったです……）。

・アブデラティフ・ケシシュ監督『アデル、ブルーは熱い色』（二〇一三年）
・北野武監督『あの夏、いちばん静かな海』（一九九一年）
・エミール・クストリッツァ監督『アンダーグラウンド』（一九九五年）
・マイケル・ラドフォード監督『イル・ポスティーノ』（一九九四年）
・ジャン＝リュック・ゴダール監督『気狂いピエロ』（一九六五年）
・ラージクマール・ヒラニ監督『きっと、うまくいく』（二〇〇九年）
・鈴木清順監督『殺しの烙印』（一九六七年）

・フェデリコ・フェリーニ監督『サテリコン』（一九六九年）
・アディティヤ・チョープラー監督『シャー・ルク・カーンのＤＤＬＪラブゲット大作戦』（一九九五年）
・周防正行監督『Shall we ダンス？』（一九九六年）
・ライナー・ヴェルナー・ファスビンダー監督『自由の代償』（一九七五年）
・ジュリアン・シュナーベル監督『潜水服は蝶の夢を見る』（二〇〇七年）
・アレクサンドル・コット監督『草原の実験』（二〇一四年）
・長谷川和彦監督『太陽を盗んだ男』（一九七九年）
・スタンリー・キューブリック監督『２００１年宇宙の旅』（一九六八年）
・チェン・カイコー監督『覇王別姫（さらば、わが愛）』（一九九三年）
・ロバート・ゼメキス監督『バック・トゥ・ザ・フューチャー』（一九八五年）
・ヴェラ・ヒティロヴァ監督『ひなぎく』（一九六六年）
・イングマール・ベルイマン監督『ファニーとアレクサンデル』（一九八二年）
・ブライアン・デ・パルマ監督『ファントム・オブ・パラダイス』（一九七四年）
・ダーレン・アロノフスキー『ブラックスワン』（二〇一〇年）
・エラン・コリリン監督『迷子の警察音楽隊』（二〇〇七年）
・クリス・マルケル監督『ラ・ジュテ』（一九六二年）
・李玉監督『ロスト・イン・北京』（二〇〇七年）

どうだろうか。この一覧も僕は「マンガ的」だと思っているという事実を、読者は納得していただけるだろうか。さきほどと同様に、ひとつひとつの作品がという以上に、やはり取りあわせがマンガ的なのだ。芸術性と娯楽性の混淆、めくるめくようなインパクトと詩的な静寂の同居、キッチュでカルト的な作品の多さ、エロティシズムが覇権を打ちたて、監督の趣味性を伝える極私的な作品が目立っている。

「第四次レトロブーム」

大学の常勤教員として働きだしてから、僕の「第三次レトロブーム」は収束した。海外に出張したり滞在したりする機会が多くあり、現地でのおみやげに心を惹かれることが多かった。とくにベルリンで暮らしたときには、旧東側の蚤の市で東ドイツ時代のレトログッズを集め、古い絵本やクリスマス用のアイテムを探索した〔終章02、03、04〕。

上海に出張した際、古い時代のテレビ・映画雑誌や連環画と呼ばれるマンガの小冊子と大量に出会ったことをきっかけとして〔終章05〕、日本の古書や古物の世界にだって、まだじぶんの知らない領域が広がっているのではと想像がふくらんだ。大学院生になってから専門書を多読する生活に移行し、古書店・古本市めぐりはほとんどやめてしまっていた。骨董、古道具、昭和レトロ

06

07

08

09

02

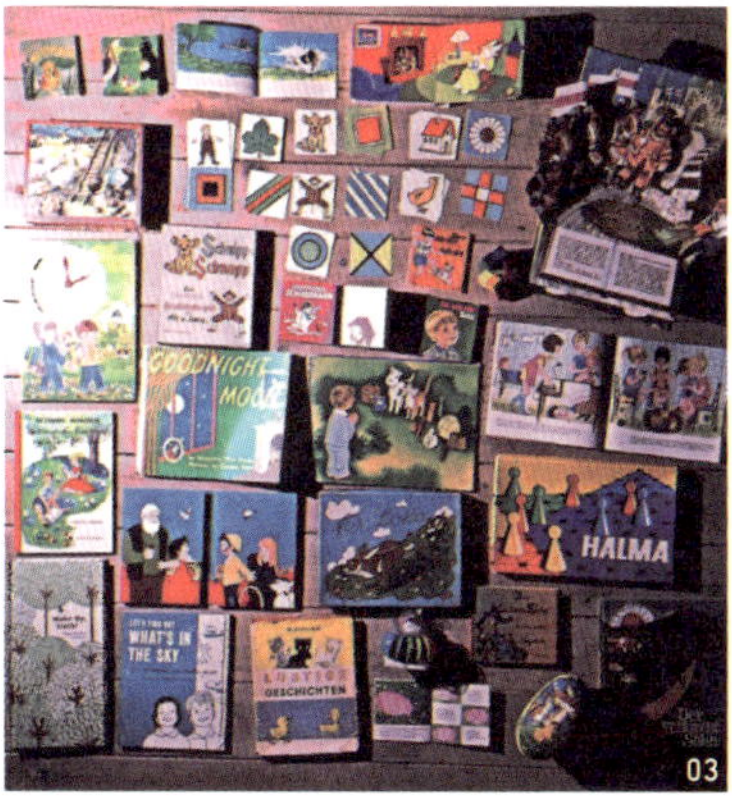

03

04

05

[02] 東ドイツ時代のレトログッズ
[03] 海外の絵本
[04] 海外の絵本
[05] 上海で出会った雑誌や小冊子
[06] バチモングッズ
[07] 高貴な佇まいの猫の置物
[08] 戦前の虫下の紙袋
[09] 江戸時代に作られた亀の剥製を使用した薬箱

なアイテムに関しては、非常に高価というイメージがあって、定職のない頃には避けてきた領域だった。しかし僕は、すでに常勤の大学教員となっているのだから、古本を新しい興味に照らして集め、レトログッズの世界にも初入門したって良いのではないかと考えだした。

グーグルで検索してカズさんの店をすぐに発見し、カズさんとの会話も参考にしながら、さまざまなレトロ店、骨董市、蚤の市を回るようになった。すでに書いたようにパチモンやパチモンっぽい正規品には熱狂した［終章06］。写真07のような高貴な佇まいをした、ゴム毬のような質感のピキュピキュ鳴く白猫のような商品にすぐに魅了された。戦前の虫下しの紙袋をコレクションするようになった。人間の体内にうごめく寄生虫たちが、まるで妖怪みたいな、あるいは地球外生命体みたいな愛らしいデザインで印刷されていて、紙モノの世界はなんて愉快なのだろうと感動した［終章08］。江戸時代に亀の剥製を加工して作られた薬箱には、心から驚いてしまった［終章09］。

怪奇なものへの関心が燃えあがり、ワニの幼体が孵化中であるかのように加工した剥製や、ハツカネズミの胎児の骨格の染色標本などは、さながら当時話題だった庵野秀明監督の『シン・ゴジラ』（二〇一六年）を重ねあわせそうになるほどだった［終章10］。ペットを飼えないマンションに住みつづけてきたので、せめてもの慰めとしてヤマネコの剥製を買った。緑色の眼が入れられていて、カッと開いた両眼と口が、なんとも言えない愛らしさを見せている［終章11］。

僕の持っている怪奇なレトログッズのうち、自慢の種になるものとして、迅太さんから買った人体模型、神経系の「シンちゃん」と血管系の「ケーちゃん」がある。以前のマンションではロフトの寝室に飾っていて、眠る前に眺めるとゾクゾクする快感があった［終章12、13］。もうひとつの自慢の品は、人間の手を模した液浸標本だ。手の甲にはエロティックな女性の刺青が彫られていて、ゴム製なのだが水に浸して瓶越しに見ていると本物そっくりに見える。実際に来客たちに「人間の本物の手ですよ」と吹きこんで、楽しんでいる［終章14］。いつかナンブさんを自宅に呼んで、どんな感想を言ってくれるか聞いてみたいものだ。

迅太さんから購入したいくつかの品によって、僕の心のうちで秘めてきた芸術的なものへの火が点灯した。つまり、ほんものの絵画などはとても手が出ないと思っていたのだけれども、無理のない範囲でそういうものを所有してみようという気になったのだ。そうして僕は人形師の衣（hatori）さんから抱き人形の「阿」「吽」、置き人形の「百」を買った［終章15、16］。この三点は、僕が持っている品物で、最上級の「お宝」と言えるだろう。この三体に関しては、合計一〇〇〇万円を積まれても手放す気はない。

ほかには好永よしよしさんの作品がすてきだと思って、作品のひとつを購入した。いつか吉永さんには拙著のためにイラストを描いてほしいものだ。勤め先で学術シンポジウムを開いたとき、阿部海太さんにチラシとポスターの作成を依頼し、イベントの終了後に原画を購入した。阿部さ

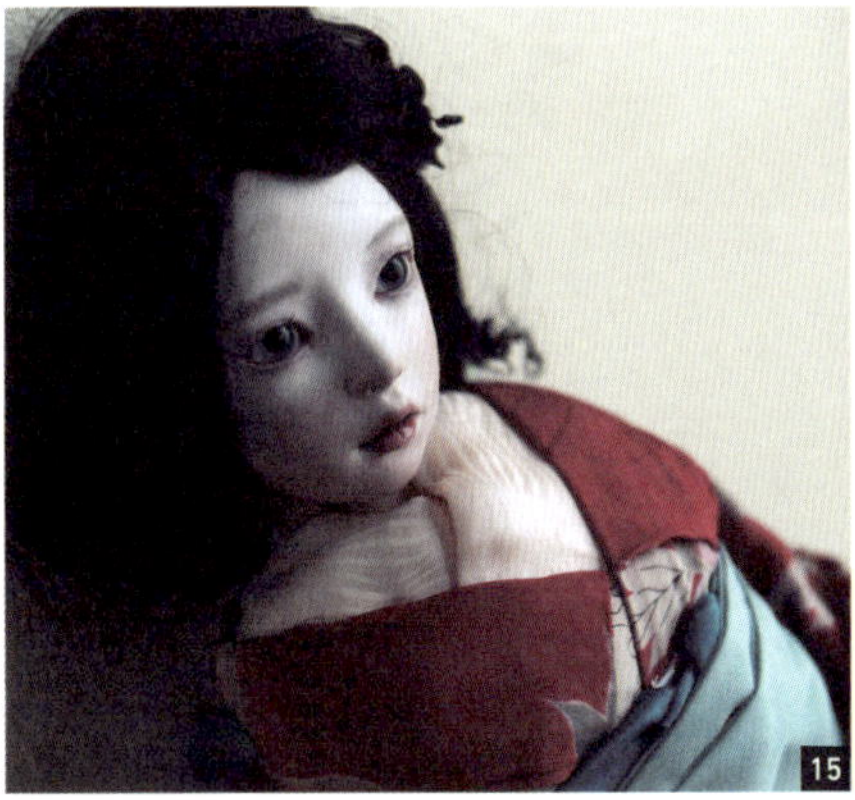

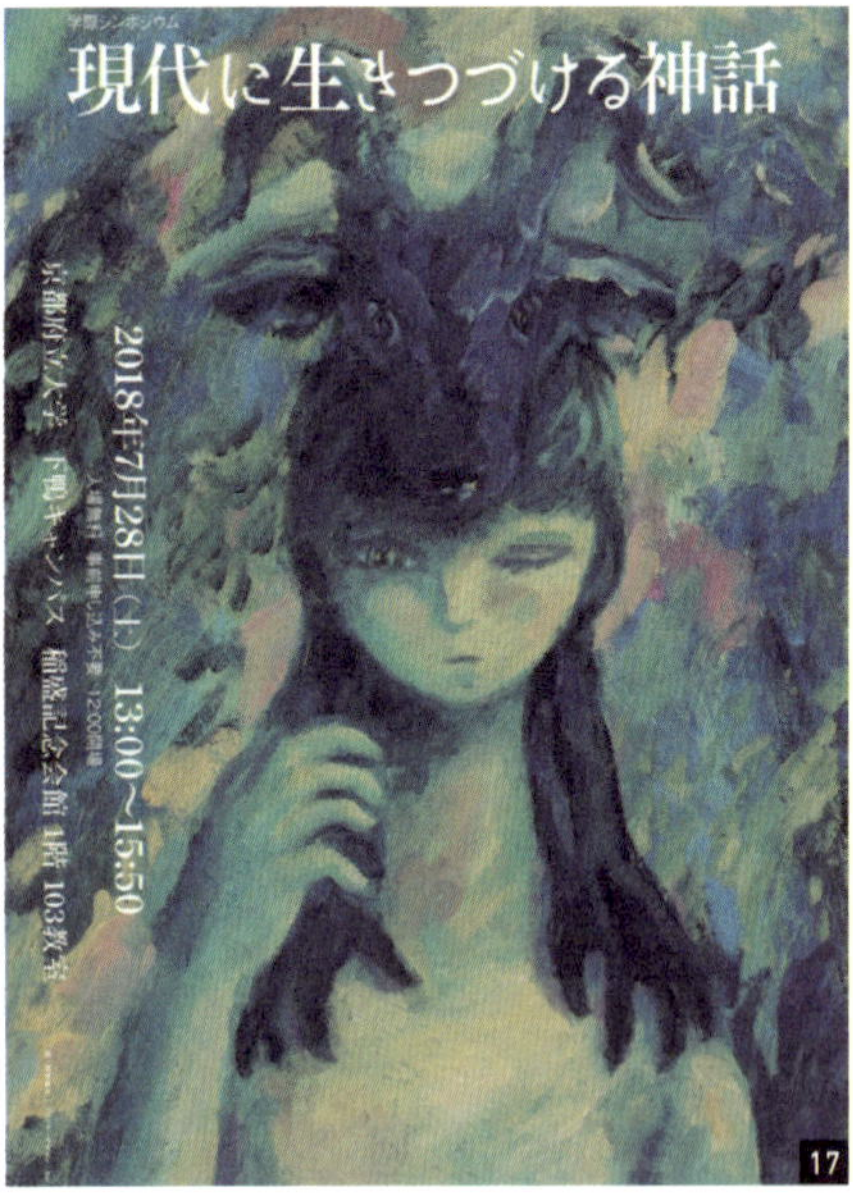

［10］標本［11］ヤマネコの剥製
［12］人体模型「シンちゃん」［13］人体模型「ケーちゃん」
［14］人間の手を模した液浸標本
［15］［16］衣さんの人形「阿」「吽」（衣さん提供、画像協力191頁）
［17］阿部海太さんに描いてもらったポスター

10

11

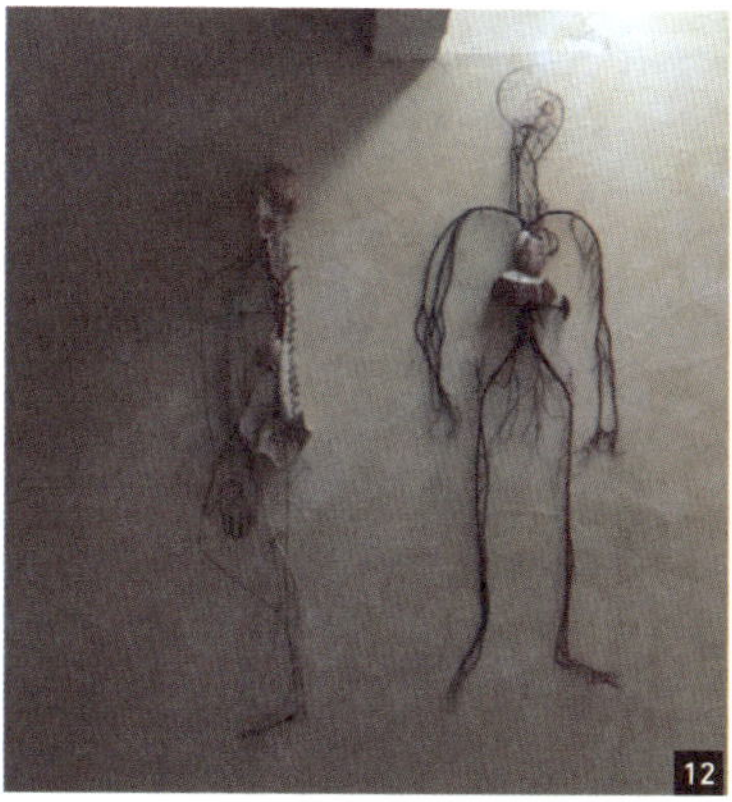
12

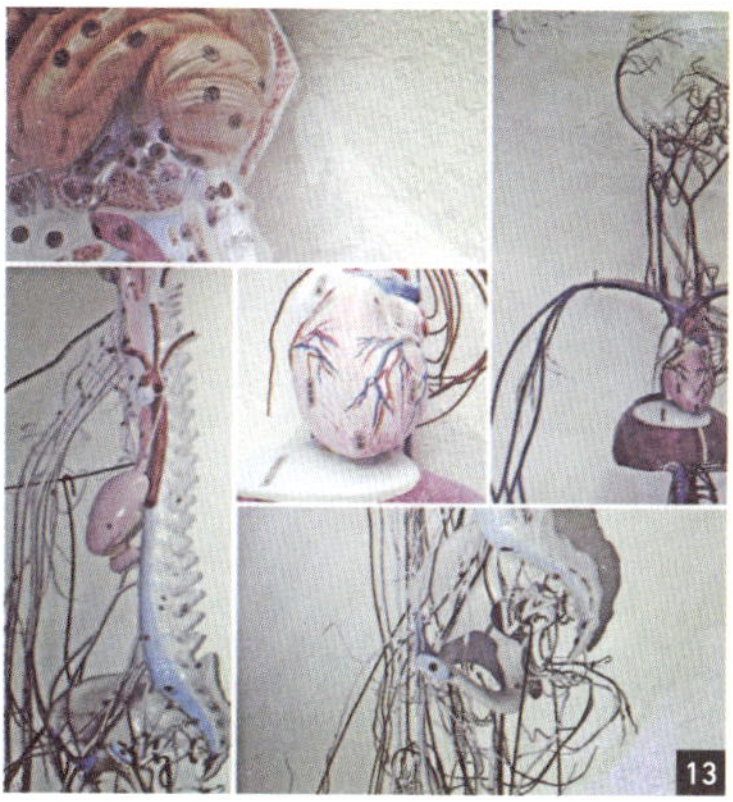
13

14

んには、『みんな水の中──「発達障害」自助グループの文学研究者はどんな世界に棲んでいるか』（医学書院）と『グリム兄弟とその学問的後継者たち──神話に魂を奪われて』（ミネルヴァ書房）というふたつの拙著のジャケット画も描いてもらった［終章17］。柏本龍太さんの絵画のうち、とくに清涼感が抜群と判断した一枚も購入した。この絵もいつか拙著のジャケットに使えると良いなと思っている［終章18］。

集合写真にのめりこむ（1）

「第四次レトロブーム」にのめりこむうち、カズさんのいっぽう堂や、カズさんが影響を受けたレトロ店Ⓢ／Ⓜ店の影響を受けつつ、コレクションを集めた写真を撮って──これを私は「集合写真」と呼んでいる──、インスタグラムに投稿する遊びに夢中になった。ちょうどこのSNSが社会現象になって、「インスタ映え」という言葉が流行語になっていた時期のことだ。

写真19はロシア旅行のおみやげだ。写真20は「第四次レトロブーム」の初期に集めたものの一部。写真21は、「はい☆チーズ♪」という感じで、所有している招き猫の一部を写したもの。レトログッズ収集の分野で、招き猫は非常に人気が高く、箆棒《べらぼう》な値段の商品が山ほどある。僕も「だいたいこの分野のことはわかった。見る眼が充分に培われた」と感じるようになるまで、だ

いぶ散財した。この写真には比較的大きなものが写っているけれど、ミニチュアサイズのものもたくさん所有している。（以降、著作権の関係で画像を一部加工している場合があります）

写真22は「おーい、はやくエサくれ〜」とせがんでいる様子を意識して撮影した犬の置物たち。猫と同様に、犬の郷土玩具ないし土人形を収集しているレトロマニアだって数多くいる。写真23は福助人形たち。江戸時代に流行したらしく、福を招く縁起物ということで、やはり人気がある。ちょんまげ姿の侍のおじさんの姿をしていて、小人症の身体障害があった実在の人物がモデルと言われている。人形によってはきわめて愛らしい顔立ちをしているし、青い服を着て月代《さかやき》（頭頂部の剃り跡）が水色というのが基本なので、青系統を好む僕の琴線に触れる。写真24は手のひらサイズのコケシ、達磨、河童、天狗など。

写真25には、戦前戦中を偲ばせるものが並んでいる。野球投手が描かれた自作紙製かばん。ヘンデルの『ハレルヤ』を『御代のみさかえ』という邦題で刊行した楽譜が写っているけれども、明治以降、キリスト教の神に召される魂という観念は日本の伝統的宗教観と融合し、英霊信仰を生みだした。この楽譜の邦題や表紙絵には、それが分かりやすく現れている。歩兵と旧満洲の地図がデザインされ、「支那事変凱旋記念廣島電信第二聯隊」と刻印された徳利。日本兵や従軍看護婦の置物。「國民食」「日本国民食糧株式会社製」と刻印された防衛食容器。「東洋平和に握る銃剣」と刻印されたやはり支那事変を記念する徳利。日の丸マスクをつけた人が描かれ、「防諜」

19

20

21

22

18

[18]柏本龍太さんの「海風」
[19]ロシア旅行のお土産
[20]「第四次レトロブーム」の初期に集めたもの
[21]招き猫たちの一部「はい☆チーズ♪」
[22]「おーい、はやくエサくれ～」と訴えてくるような犬たち

「一人一人が防諜戦士」と記された大同燐寸《まっち》株式會社のマッチ箱。皮膚のバイキンを「殲滅《せんめつ》」するという北洋製菓工業株式會社の皮膚軟膏「センメツ」。戦車や「カウシヤホウ」（つまり「高射砲」）がデザインされた茶碗。「帝國萬歳」と刻印された日露戦争凱旋記念のお猪口。

室町時代の僧侶・一休宗純の引用と東アジア地域の地図が掲載された小皿は、地図がおおざっぱで、陸地らしき部分に「日本」、「台」、「朝鮮」、「新日本」と記入してある。「台」はもちろん「台湾」だが、「新日本」とはなんだろうか。「朝鮮」の南に描かれているため、満洲国ではなさそうだ。日清戦争で割譲されたのち三国干渉で返還を強いられた遼東半島のことだろうか。鯛の置物は愛嬌として添えた。半透明のつくりに桜と日章旗をつつましく飾った粋なデザインのお猪口は、特別に気に入っている一品。「ヒコーキと原爆」の駒が追加された軍人将棋は、この写真では例外的に戦後のものだ。手前の少年少女が「国策協力」「興亜建設」の紙を掲げ、奥の方では味わいぶかい絵の歩兵が出征している団扇《うちわ》。

集合写真にのめりこむ（2）

集合写真でも怪奇なものに対する僕の偏愛は強く滲みでた。なるべく怪奇な印象になるように写真を撮ってしまうのだ［終章26］。写真27は大型の砂漠のバラ（硫酸カルシウムや硫酸バリウムが自然現象によってバラに似た結晶と化し、全身に砂をまとったもの）、枯れたリュウカデンドロン・シルバーアフリカーナ（和名は「銀葉樹」）、大量のフジツボにまみれたタコツボ、多肉植物のパラグアイエンセ・ラベンダーフォーム。レトロな印象があれば、生きた植物も収集の対象にしていたのだ。写真28には、小さい砂漠のバラや、ピンクのろうそくなど愛らしくも奇怪なものをまとめた。

写真29は、印判の覗き猪口（小ぶりな筒形の伊万里焼）だ。怪獣の赤ちゃんみたいな妖怪たちがたくさん描かれていたので、拡大して載せている。四つ購入して、ひとつに三匹載っているから、ぜんぶで一二匹。印判の型紙は手作業で複製したため、職人ごとにウマさとヘタさが分かれ、この一二匹はみんな違う表情を持っている。写真30は急須で、いわゆる分福茶釜、つまり和風ティーポットに変身したタヌキだ。花屋で気まぐれにピンク色のガーベラを買ったので、あわせて撮影した。タヌキたちの顔つきが凶暴で、笑いを誘うと思う。写真31は、生頼範義《おおらいのりよし》の挿絵が冴える『少年版江戸川乱歩選集』全六巻と、石井輝男監督が乱歩の短編小説「パノラマ島奇談」とほかの作品を混ぜて作った『江戸川乱歩全集 恐怖奇形人間』北米版DVD（かつては国内で未発売だった）、およびそのシナリオ本をまとめている。（許可のない画像の一部を加工しています）

写真32のまんなかにある看板には、「中将湯」「強健子宮調養血海」（「子宮をたくましく！　血行改善ドクンドクン」くらいの意味）と刻印されている。漢方による女性薬（婦人薬）としていまなお現役のロングセラー商品として活躍するツムラ（旧・津村順天堂）の「中将湯」。その大正時代か

26

27

28

29

30

31

23

24

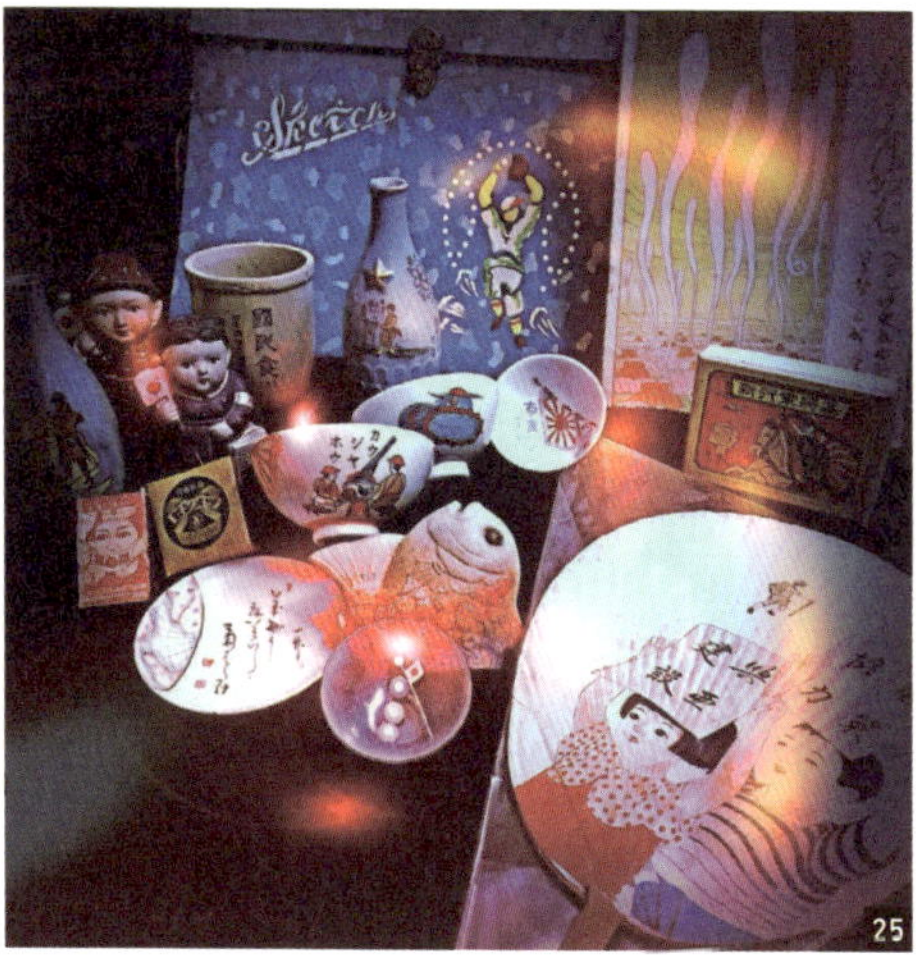
25

[23]福助人形たち
[24]手のひらサイズのコケシ、達磨、河童、天狗など
[25]戦前戦中を偲ばせるもの。マッチ箱や小皿など
[26]怪奇な集合写真
[27]大型の砂漠のバラ
[28]愛らしくも奇怪なもの
[29]印判の覗き猪口の絵柄
[30]分福茶釜
[31]江戸川乱歩著『少年版江戸川乱歩選集』(講談社)

ら昭和初期に作られた琺瑯看板だ。周囲に配置しているのは、当時の広告の切り抜きや実物。シンボルとなった女性の絵はいずれもカリスマ的絵師の高畠華宵《たかはたかしょう》が手がけている。なお「バスクリン」は、津村順天堂が昭和五年に「中将湯」の変種として開発したものだが、のちにバスクリン社が結成されて、ツムラから独立したとのこと。

シンボルとして採用された女性「中将姫」は、現在も「中将湯」のパッケージに描かれている。もとは奈良時代の平城京の姫君で、現在は奈良県葛城市に立地する當麻寺で薬草の処方を学び、それがツムラの創業者の母方の実家に伝わっていたらしい。ロングセラーの婦人薬や入浴剤の代名詞的存在と言えるバスクリンにも、奥の深い歴史があったのだなあ、とうれしくなる。

平面的配列の喜悦（1）

集合写真でも、僕はとくに平面的に配列したものに惹かれだし、たくさん撮影した［終章33］。写真34では、巨大ロボット風の空気ビニール人形、赤ちゃんをあやすためのセルロイド製ガラガラ（赤ん坊の顔がついたチューリップ状！）、卒園記念ハンガー（エスエス製薬マスコット「ぴょんちゃん」の2代目デザインを真似たもの？）、ウルトラ怪獣「バラゴン」（ブルマァク社製品のバンダイ復刻版）、羽子板六種類（ひとつは布生地を立体的に張りつけてあり、とりわけオシャレ）、戦前の少年が自作したと思われるスマートボール、カエルのろうそく、ウサギロボット（全身がピカピカと光り輝き、ギャンギャンと奇声を発しながら、走り回る優れもの）、『はいからさんが通る』のお弁当箱（未開封）を並べている。

写真35は中国系の雑貨類、写真36はとくにテーマなく「かわいいもの」を並べている。写真37は食器類だ。まつげがバサバサのゾウの皿（中央）は江戸時代のもの。へんてこな人魚地図皿（その左上）は、やはり江戸時代モノとの触れこみだったが、実際には平成時代末のものと思われる。ほかには、中央の台の左端に満州国の徳利、右端の盃には日章旗と桜（または団子？）が描かれている。その台のすぐ下の茶碗のうち、左端のものには旧日本軍歩兵が、真ん中のものには旧日本軍戦車が描かれている。中央の台の真ん中のゾウの皿の左と右には、ツバメがびっしり描かれた器とクリーマーが、真ん中の上の端には金太郎のコップを置いた。中央の台のすぐ上の右端には特撮ヒーローもののアイスクリームカップを、中央の台のすぐ上の左端には福助の盃を置いた。中央の台の茶碗のうち、右端のものには米軍の戦闘機「F111-E」が描かれ、茶碗の裏側には性能や装備の情報まで掲載されている。

写真38は、こまごまとした製品を集めている。カラフルなプラスチック人形、かわいいバッジ、わさび缶、天狗のミニお面、キカイダー風お化けのびっくり箱、ベティブープのバッジ、『少年探偵虎の巻』という題名の小冊子、『E．T．』風の何かのキーホルダー、かわいいデザイン

[32]中将湯の看板など
[33][34]平面的に写した写真
[35]中国系の雑貨類
[36]かわいいもの
[37]食器類
[38]こまごまとしたもの

32

33

34

のフランクリン沸騰器（封入された液体がメチルクロライドのため、握ると体温だけで沸騰するというオモチャ）、福助の水滴（水差し）、謎めいたよくわからないもの、小さなハンコ六個（「〇〇土鈴」がシュールに見えて楽しい）、小熊のキーホルダー、干支合わせ、防衛・防諜キャンペーンのマッチ箱、処女証明書（謎のアイテム）、虫下しの薬袋を作るためのハンコ、最高に古めかしい虫下しの薬袋、人形の眼球、かわいい看護師さんの石膏、「一寸いつぷく」（「ちょっと一服」）と書いたガラス板、頭が長い爺さんのガラス板、神農のおちょこ、変な兄ちゃんのおちょこ、サイケな彩色のガメラのソフビ人形、ナゾのマスクの紙箱（中身なし）、文福茶釜のガラス板、とりあえずガラス板、へっぴり腰の歩兵のおちょこ、「聖戦」のおちょこ、タツノオトシゴの砂時計、とりあえず紙箱（中身なし）、かわいいお面（赤ちゃん用サイズ?）、ガラス板（「おしまひ」と書いてある）、ミニーマウス（パチモン）のクレンザー（中身あり）、ヘテロゲンの紙パッケージ（腸チフス予防薬、中身なし）、「センメツ」の紙パッケージ（軟膏、中身あり）、かわいい絵柄のガラス板、かわいいゾウムシのブローチふたつ。

平面的配列の喜悦（2）

平面的配列に凝るようになって、僕は次第に「色縛り」などの遊び心を加えて撮影するようになった。

写真39は「白縛り」。丸尾末広『少女椿』の手ぬぐい、『のらくろ』風の弁当箱、ザ・ヴァセリンズのCD、月光仮面風のソフビ人形、フォルナセッティのクッションカバー、黒澤清監督の『アカルイミライ』特別版DVD（写真は特典の『曖昧な未来』）、ロンドンで「おしゃれだなあ！」と思って買ったけど、帰国して百貨店に行くと、ふつうに売っていたマグカップ、沖縄の波照間島で買ったヤギの置物、『ゴーストバスターズ』に登場するマシュマロマンのようなソフビ人形、白蛇の絵馬、藤原新也の写真つき旅行記（『西蔵放浪』朝日文芸文庫）、水木しげるの少女マンガ（高橋真琴を真似た絵柄のバレエもの、復刻版の切り抜き）、ヤン富田のCD（『MUSIC FOR LIVING SOUND』）、犬の置物、大正時代の女学生が書いた落書き、『はだしのゲン』のハンコ、人間の歯の模型、ユズキカズのマンガ（『枇杷の樹の下で』©ユズキカズ／青林工藝舎）、大友克洋と江口寿史がコンビを組んだ『老人Z』DVD、施川ユウキ『バーナード嬢曰く。』（一迅社）、チベット難民の少年についてのドキュメンタリー『オロ』DVD、大瀧詠一『A LONG VACATION』、福助人形、宮武外骨の『滑稽新聞』など。

写真40は「黒縛り」だ。ナチスおよびアドルフ・ヒトラーに関連する古典的映画（『ヒトラーとナチスの全て』DVD-BOX）、山田芳裕『へうげもの』第9巻（「黒」に憑かれた茶聖・千利休が切腹する）、ミッキーマウス風キャラクターのハンコ、すばらしすぎる収録内容と装丁の『日本

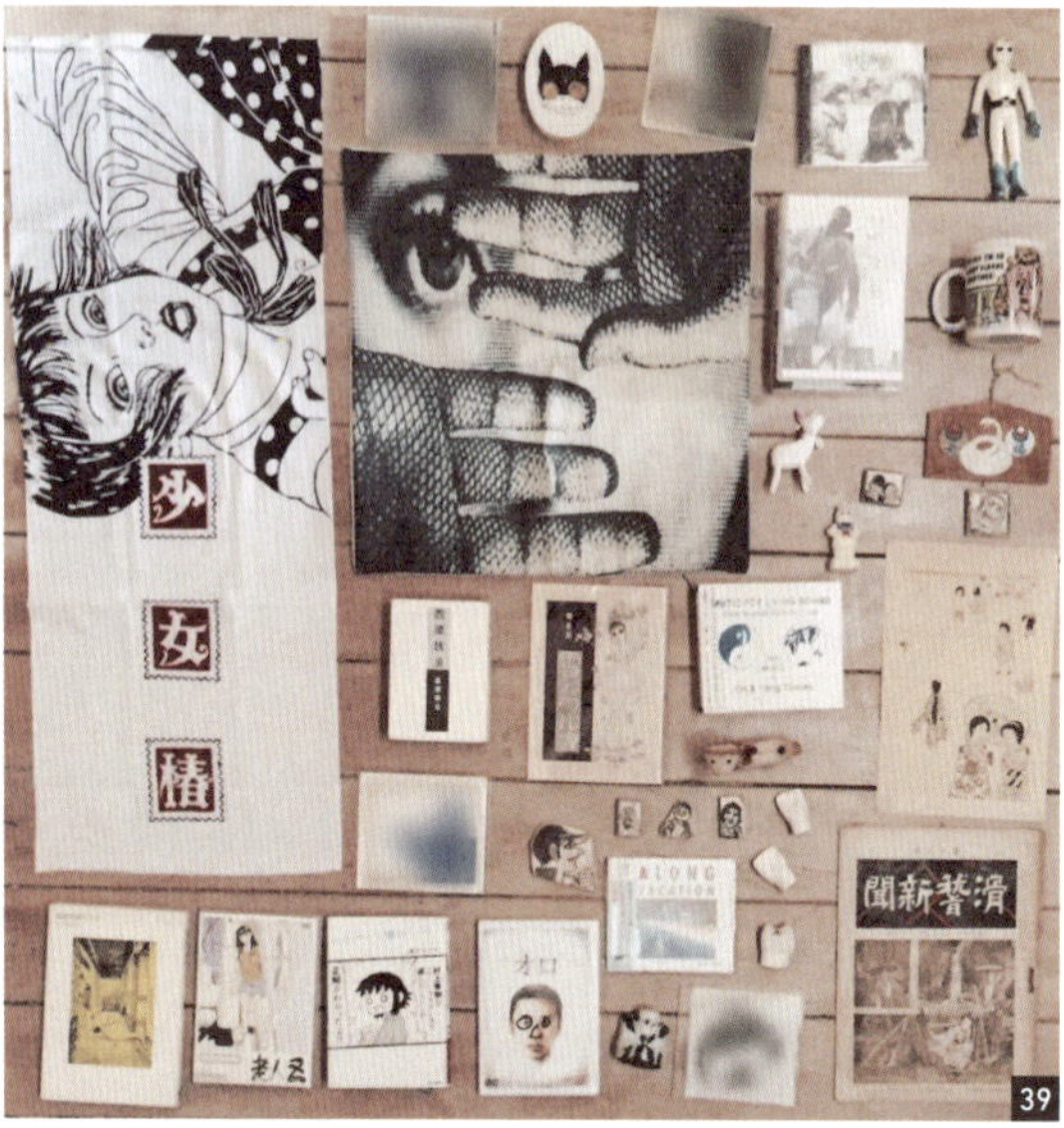

［39］「白縛り」［40］「黒縛り」画像協力191頁

探偵小説全集』（中島河太郎監修、東京創元社）、郷土玩具のひとつ、ブライアン・デ・パルマ監督『ミッション：インポッシブル』DVD、セロニアス・モンク のCD、ソフビ人形、怪奇映画『亡霊執念の池』ポスター、オードリー・ヘプバーンの主演映画DVD-BOX（『オードリー・ヘプバーン ロマンスBOX』）、蛭子能収のマンガ（『笑う悪魔の黙示録』、マガジンハウス）、アメリカのピッツバーグにあるアンディ・ウォーホル美術館で買ったミュージアムグッズ、ミロス・フォアマン監督『アマデウス』DVD、ケイト・ブッシュのCD、亀の剥製、塚本晋也監督『鉄男』DVD、ベルリンのお土産屋で買った安物のミニバッグ、椋図かずおのムック、角度によって虹色に発色する石ラブラドライト、留め具がナイスな財布。（ここでも同様に、掲載許可が出なかった商品については、画像の一部を加工しています。ご理解ください）

最高の本棚の構想

こうやって「第四次レトロブーム」に耽るうちに、僕はじぶんの書物に対する趣味も見直すようになって、本だけでなく好きなレトログッズを並べた「理想の本棚」を模索するようになった。その一例が写真41の本棚だ。ここに並べた書籍とその著者名を書きだしてみよう。

・マルセル・シュオッブ『全集』
・種村季弘『怪物の解剖学』
・『聖書（新共同訳）』
・バート・D・アーマン『捏造された聖書』
・田川建三『書物としての新約聖書』
・『NHK映像の世紀』（紛れこんだDVD-BOX）
・『NHK新・映像の世紀』（同じく）
・澁澤龍彦『胡桃の中の世界』
・南方熊楠『英文論考』
・井上章一『つくられた桂離宮神話』
・山口誓子『句集』
・種田山頭火『全句集』
・M・H・ニコルソン『月世界への旅』
・岩尾龍太郎『ロビンソン変形譚小史』
・石牟礼道子『苦海浄土 わが水俣病』
・E・R・クルツィウス『ヨーロッパ文学とラテン中世』
・マルセル・プルースト『失われた時を求めて』

・レイモンド・チャンドラー『ロング・グッドバイ』
・コロンブス『航海記』
・ノヴァーリス『日記・花粉』
・ジョルジュ・ペレック『さまざまな空間』
・佐藤正則『ボリシェヴィズムと〈新しい人間〉20世紀ロシアの宇宙進化論』
・レオン・ポリアコフ『アーリア神話 ヨーロッパにおける人種主義と民族主義の源泉』
・石原吉郎『望郷と海』
・宗左近『炎える母』
・アラン・ソーカル&ジャン・ブリクモン『「知」の欺瞞 ポストモダン思想における科学の濫用』
・ロベルト・ムージル『熱狂家たち・生前の遺稿』
・ジョナサン・ビーチャー『シャルル・フーリエ伝 幻視者とその世界』
・ダニエル・パウル・シュレーバー『回想録 ある神経病者の手記』
・ギュスターヴ・フロベール『ブヴァールとペキュシェ』
・ドゥニ・ディドロ『ダランベールの夢』
・J＝J・ルソー『新エロイーズ』
・古井由吉『杳子・妻隠』
・埴谷雄高『死霊』

・藤枝静男『田紳有楽・空気頭』
・井筒俊彦『意識と本質』
・林京子『祭りの場』
・ルクレーティウス『物の本質について』
・ハーマン・メルヴィル『ビリー・バッド』
・川崎寿彦『マーヴェルの庭』
・大江健三郎『個人的な体験』
・マルグリット・ユルスナール『火』
・ゲオルク・ビューヒナー『全集』
・鎌田東二『呪殺・魔境論』
・栗原裕一郎『〈盗作〉の文学史』
・須永朝彦『小説全集』
・倉橋由美子『アマノン国往還記』
・マルティン・ハイデッガー『有と時』（いわゆる『存在と時間』の独特な訳）
・島尾敏雄『死の棘』
・岡道男『ホメロスにおける伝統の継承と創造』
・松山壽一『ニュートンとカント　力と物質の自然哲学』

[41]自宅の本棚

・道家忠道『ファウスト　その源流と発展』
・塚本邦雄『悦楽園園丁辞典』
・野溝七生子『作品集』
・三島由紀夫『潮騒』
・高橋源一郎『ジョン・レノン対火星人』
・村上龍『コインロッカー・ベイビーズ』
・井筒俊彦『イスラーム文化』（この人の本、なぜか2つになってしまった😄）
・末木文美士『日本仏教史』
・吉本ばなな『TUGUMI』
・『永井荷風』（「ちくま日本文学」全40巻の1巻）
・『尾崎翠』（同上）
・ハーマン・メルヴィル『タイピー』
・遠藤周作『沈黙』
・テネシー・ウィリアムズ『ガラスの動物園』
・村上春樹『世界の終りとハードボイルド・ワンダーランド』
・シュテファン・ツヴァイク『マリー・アントワネット』
・フョードル・ドストエフスキー『カラマーゾフの兄弟』

・F・F・コッポラ監督『ゴッドファーザー』(紛れこんだDVD-BOX)
・『初期ギリシア自然哲学者断片集』
・コリン・ウィルソン『アウトサイダー』
・紫式部『源氏物語』
・大伴家持撰『万葉集』
・『怪奇小説傑作集』(西洋モノを取り上げた創元推理文庫の5巻本)
・筒井康隆の作品いろいろ
・森絵都の作品いろいろ
(注)井筒とメルヴィルの本を二冊選んだのはミスです。

これらの本は、少なくとも僕にとっては、それぞれが一種のレトログッズなのだ。レトロ商店では、古本が併売されていることだって稀ではない。僕にとって本は読んで情報を得るツールというだけでなく、物質的なオブジェとしても愛好すべき対象だ。

左下端の戦前戦中に自作された青いカバンを、右下端あたりに男性がダンスしている形状の壁飾りを配置した。シュオップ全集の右隣にあるのは「ムガンイウチ船風」(つまり「風船チウィンガム」)と印刷されたレトロな空き箱だ。上右端の眼球模型は、分解できて眼球の構造を立体的に理解できる優れもの。右端にあるのは、文化屋雑貨店で購入した蔦谷喜一のクッションだ。書籍であっても、配置や配列を考えていると、おもちゃのように感じられて、独特の快感があった。写真42は現在の自宅の一角を写している。写真43は音楽関連の書籍や雑誌を並べたかつての自宅の本棚だ。

健康生成に向けた「第五次レトロブーム」

僕は二〇二一年から二〇二二年にかけて、オーストリアのウィーンに中期滞在し、その経験を『ある大学教員の日常と非日常――障害者モード、コロナ禍、ウクライナ侵攻』（晶文社）にまとめた。そのなかでウィーンのコールマルクト南端の先でやっている蚤の市について書いた。コロナ禍で蚤の市は休止したのだが、渡航したあとに偶然に再開し、訪れることができた。日本でも僕が骨董市や蚤の市に出かけることがほとんどなくなって五年近くが経っていたけれど、ウィーンの蚤の市は――この街に滞在したことは過去に何度もあったにもかかわらず――初めて訪れたため、かなりの興奮を誘われる体験だった。写真44はその蚤の市で手に入れた品の一部だ。

それにもかかわらず、僕の「第五次レトロブーム」は始まらなかった。それが始まれば、僕は大学教員を廃業して、レトロ商に転身せざるを得ないと思いつめているから、実際にそうなるの

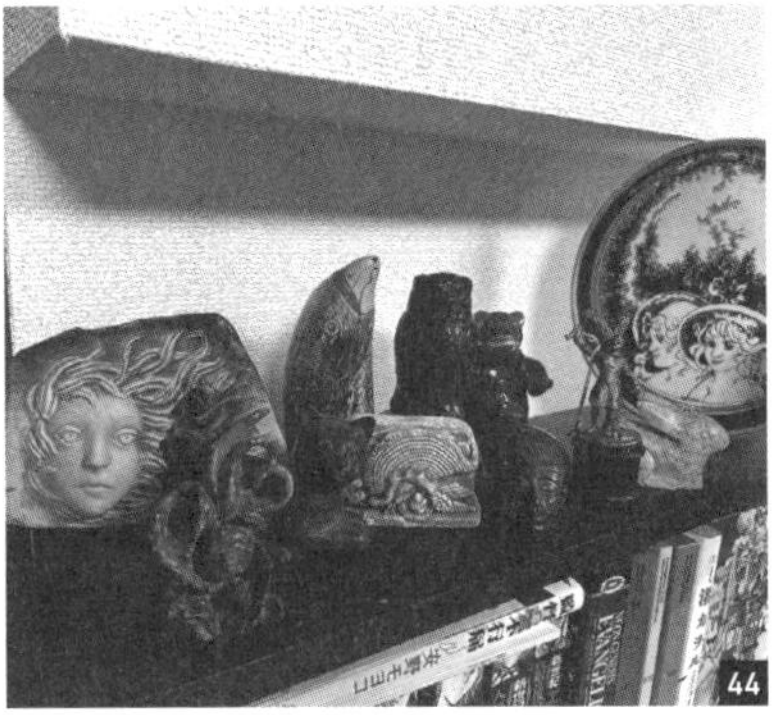

[42]自宅の一角[43]かつての自宅の本棚
[44]ウイーンの蚤の市で手に入れた品

を恐れている。まるで「第三次世界大戦」勃発の危機が、この数十年のあいだ何度も囁かれながらも、核戦争となって人類の滅亡をもたらす可能性が高いために、繰りかえし回避されてきたことに似ている気がする。

「レトロ商のなりそこない」としての僕は、序章に書いたレトロ商の構成要素のうち、趣味人の部分は満たしている。ギャラリー愛好家タイプと日曜研究家タイプの混合型で、美術やデザインの世界が大好きだから、ギャラリー愛好家の部分がはっきりある一方、本業が学術研究者だから、日曜研究家としてもかなりの水準だと思う。収集家として狩猟家の構成要素も備えているけれど、商人ではないから、狩猟家としては不完全な存在と言える。そのような意味で「なりそこない」なのだ。

カズさん、ナンブさん、迅太さんにインタビューを実施していて、僕の心は非常にうるおった。春の雨によって爽やかな草原が大量の露に彩られるような気分を満喫することができた。カズさんにも、ナンブさんにも、迅太さんにもどこか鬱屈したようなところ、陰影を感じさせるところがあるけれど、三人ともレトログッズを扱い、レトログッズによって生きることで、健康生成（サルトジェネシス）に成功しているのではないか、というのが僕なりに理解したことだ。

カズさんと迅太さんははっきりと商売のさらなる発展という未来を見据えている。おふたりの大きな成功を、僕はほとんど確信していると言って良い。迅太さんは将来の人生設計に悩んではいるけれども、おそらくレトログッズに出会わなかったら、状況はもっと希望のないものになっていたのではないだろうか。迅太さんの苦しさは、極北を行くものの孤高さが招いたわけだから、僕は無限の敬意を表しておきたい。

おわりに

最後に小難しいことを書いておくと、本書で取りあつかった内容は僕の仕事のうち、民俗学的な方向性のものと呼ぶことができる。三人のレトロ商たちの「生活世界」のインタビュー調査をつうじて、そして「なりそこない」のレトロ商としての僕の「生活世界」を反省的考察をつうじて、写真を交えた形で言語化するという学問的意図が、本書の根本的な動機としてある。

とはいえ、本書が一般書として刊行されるのもまた事実だ。読者のみなさんが本書を読み進めながら、「レトロ商はどうして魅力的なのか」と僕とは異なる仕方で思案していただけると、これ以上うれしいことはない。僕なりの回答は本書のなかに記しておいたけれど、おそらく読者ごとに異なる回答が出てくるものと思われる。

インタビューに協力していただいた三人のレトロ商のうち、カズさんと迅太さんは僕と同世代で少し年上の四〇代、ナンブさんは僕より一五歳くらい年下で三〇歳近い。「なぜこの三人なのか」という問題についてはすでに明瞭な回答を記したため、ここでは繰りかえさない。年配の業者や女性の業者を扱わなかった理由も記したけれど、それでもいつかまた本書と似たようなレトロ商に関する本を作ることができるならば、そのときにはもっと幅広い年代の業者と女性の業者にも焦点を当てたいと考えている。

小山香里さんと本を作るのは、三冊目となる。以前の二冊とは、少し方向性が異なっているもののの、できるだけ多くの読者に届くならば、ありがたいと考えている。本書の原稿を執筆しながら完成後に小山さんが写真の許諾を得るためにおこなうことになる膨大な苦労にまったく気がついていなかった。小山さんの尽力に心からの敬意と感謝を申しあげたい。ほんとに、ほんとに！

僕は自閉スペクトラム症と診断されていて、この精神疾患の人の特性としてガラクタ収集が知られる。しかしもちろん、収集癖のある人のすべてが自閉スペクトラム症というわけではないだろうし、かりにそのような特性があっても、まさに収集の喜びによって、私たちの生きづらさは確実に減っていくことは強調しておきたい。

ジャケットのイラストは中村雅奈さんにお願いした。僕が将来、レトロ商になったらどのような店を開くかを、中村さんの魅力あるイラストによって、実際の僕のコレクションを使いながら表現していただいた。本書の雰囲気がよく伝えられていることをうれしく思う。以前の2冊と同じくデザイナーの鳴田小夜子さんにも心から感謝したい。読者のみなさんが、できるだけ本書を楽しまれますように。

二〇二五年三月

横道　誠

参考文献

- アリストテレス『形而上学』、出隆(訳)、上巻、岩波書店、一九五九年
- 大川哲拓「江戸時代の瓦版から「アマビエ」模写、民衆に配られた札を発見…専門家「信仰拡大の裏付け」」、讀賣新聞オンライン、二〇二一年五月十一日(https://www.yomiuri.co.jp/culture/20210511-OYT1T50138/)
- 坂口安吾『坂口安吾全集』、筑摩書房、一九九八年
- さわやぎゆきしげ『復刻版さわやぎゆきしげ初期短編集』、稀見理都(編)、フラクタル次元(同人誌)、二〇二二年
- 長谷川義太郎『文化屋雑貨店――キッチュなモノからすてがたきモノまで』、文化学園文化出版局、二〇一四年
- ベンヤミン、ヴァルター『ドイツ悲劇の根源』、川村二郎/三城満禧(訳)、法政大学出版局、一九七五年
- T_Toki「平等院の『尼比恵』は「アマビエ」か」、note、二〇二一年五月十五日(https://note.com/t_toki/n/n86d2a9583d12)

画像協力

- 〈1章19〉超電磁ロボ コン・バトラーV(©東映)/百獣王ゴライオン(©WEP, LLC)/未来ロボ ダルタニアス(©東映)/宇宙大帝 ゴッドシグマ(©東映)/バトルフィーバーJ(©東映)/グレートマジンガー(©ダイナミック企画・東映アニメーション)/大空魔竜ガイキング(©東映アニメーション)マジンガーZ(©ダイナミック企画・東映アニメーション)、超電磁マシーン ボルテスV(©東映)

・〈終章16〉「阿」／「吽」 photo by yukio yoshinari

・〈終章39〉東眞一郎（水木しげる）「雪のワルツ」（中村書店『バレエ4』一九五九年）©水木プロ

・〈終章39〉THE VASELINES『THE WAY OF THE VASELINES: COMPLETE HISTORY』

・〈終章39〉DVD『オロ』、発売元：スコブル工房、販売元：紀伊國屋書店、価格：三八〇〇円＋税、©2012 OLO Production Committee

・〈終章39〉『オードリー・ヘプバーン ロマンスBOX』、発売元：パラマウントジャパン、廃盤

・〈終章39〉大滝詠一『A LONG VACATION 30th Edition』 ©THE NIAGARA ENTERPRISES INC.

・〈終章39〉ヤン富田『MUSIC FOR LIVING SOUND』、発売元：フォーライフミュージックエンタテインメント

・〈終章40〉『ヒトラーとナチスの全て』DVD－BOX、販売元：アイ・ヴィー・シー

・〈終章40〉『アマデウス』、発売元：ワーナー・ブラザース ホームエンターテイメント／販売元：NBCユニバーサル・エンターテイメント、価格：ブルーレイ二六一九円（税込）／DVD一五七二円（税込）、©1984 The Saul Zaentz Company. All rights reserved.

・〈終章40〉『ミッション：インポッシブル』、DVD／ブルーレイ発売中、発売元：NBCユニバーサル・エンターテイメント

・〈終章40〉『楳図かずお大解剖』、発行：三栄（旧三栄書房）

・〈終章40〉山田芳裕『へうげもの』第九巻、講談社

・〈終章43〉『天國のをりものが 山﨑春美著作集 1976-2013』、河出書房新社

〈著者略歴〉

横道　誠（よこみち・まこと）

京都府立大学文学部准教授。

1979年生まれ。大阪市出身。文学博士（京都大学）。専門は文学・当事者研究。

10歳の時にレトロなものに目覚め、数々のレトログッズを集めるようになった。いつでも店を始められそうなくらいの物量を保有している。

単著に『みんな水の中 ――「発達障害」自助グループの文学研究者はどんな世界に棲んでいるか』（医学書院）、『イスタンブールで青に溺れる ――発達障害者の世界周航記』（文藝春秋）、『発達界隈通信 ――ぼくたちは障害と脳の多様性を生きてます』（教育評論社）、『ある大学教員の日常と非日常 ――障害者モード、コロナ禍、ウクライナ侵攻』（晶文社）、『ひとつにならない ――発達障害者がセックスについて語ること』（イースト・プレス）、『解離と嗜癖 ――孤独な発達障害者の日本紀行』（教育評論社）など、共著に『当事者対決！ 心と体でケンカする』（世界思想社）、『海球小説 ――次世代の発達障害論』（ミネルヴァ書房）、『酒をやめられない文学研究者とタバコをやめられない精神科医が本気で語り明かした依存症の話』（太田出版）など。

レトロな世界に分け入る ―― そこでは魅力的な店主があなたを待っている

2025年4月24日 初版第1刷発行

著　者　横道　誠
発行者　阿部黄瀬
発行所　株式会社 教育評論社
〒103-0027
東京都中央区日本橋3-9-1 日本橋三丁目スクエア
Tel. 03-3241-3485
Fax. 03-3241-3486
https://www.kyohyo.co.jp
印刷製本　株式会社シナノパブリッシングプレス

定価はカバーに表示してあります。

ISBN 978-4-86624-116-6